8 moyens efficaces pour réussir mon rôle de parent

Catalogage avant publication de Bibliothèque
et Archives nationales du Québec et Bibliothèque
et Archives Canada

Renaud, Hélène

    8 moyens efficaces pour réussir mon rôle de parent

    4e éd.

    (Collection Famille)

    ISBN 978-2-7640-1487-5

    1. Éducation des enfants. 2. Parents et enfants.
3. Responsabilité chez l'enfant. 4. Autonomie chez l'enfant.
5. Rôle parental. I. Gagné, Jean-Pierre, 1961- . II. Titre.
III. Titre: Huit moyens efficaces pour réussir mon rôle
de parent. IV. Collection: Collection Famille (Éditions
Quebecor).

HQ769.R43 2009   649'.1   C2009-941043-5

© 2009, Les Éditions Quebecor
Une compagnie de Quebecor Media
7, chemin Bates
Montréal (Québec) Canada
H2V 4V7

Dépôt légal: 2009
Bibliothèque et Archives nationales du Québec

Pour en savoir davantage sur nos publications,
visitez notre site: www.quebecoreditions.com

Éditeur: Jacques Simard
Conception de la couverture: Bernard Langlois
Illustration de la couverture: Dreamstime

Imprimé au Canada

DISTRIBUTEURS EXCLUSIFS:

• Pour le Canada et les États-Unis:
MESSAGERIES ADP*
2315, rue de la Province
Longueuil, Québec J4G 1G4
Tél.: (450) 640-1237
Télécopieur: (450) 674-6237
* une division du Groupe Sogides inc.,
filiale du Groupe Livre Quebecor Média inc.

• Pour la France et les autres pays:
INTERFORUM editis
Immeuble Paryseine, 3, Allée de la Seine
94854 Ivry CEDEX
Tél.: 33 (0) 4 49 59 11 56/91
Télécopieur: 33 (0) 1 49 59 11 33
Service commande France
Métropolitaine
Tél.: 33 (0) 2 38 32 71 00
Télécopieur: 33 (0) 2 38 32 71 28
Internet: www.interforum.fr
Service commandes Export –
DOM-TOM
Télécopieur: 33 (0) 2 38 32 78 86
Internet: www.interforum.fr
Courriel: cdes-export@interforum.fr

• Pour la Suisse:
INTERFORUM editis SUISSE
Case postale 69 – CH 1701 Fribourg –
Suisse
Tél.: 41 (0) 26 460 80 60
Télécopieur: 41 (0) 26 460 80 68
Internet: www.interforumsuisse.ch
Courriel: office@interforumsuisse.ch
Distributeur: OLF S.A.
ZI. 3, Corminboeuf
Case postale 1061 – CH 1701 Fribourg –
Suisse
Commandes: Tél.: 41 (0) 26 467 53 33
Télécopieur: 41 (0) 26 467 54 66
Internet: www.olf.ch
Courriel: information@olf.ch

• Pour la Belgique et le Luxembourg:
INTERFORUM BENELUX S.A.
Fond Jean-Pâques, 6
B-1348 Louvain-La-Neuve
Tél.: 00 32 10 42 03 20
Télécopieur: 00 32 10 41 20 24

Gouvernement du Québec – Programme de crédit d'impôt pour l'édition
de livres – Gestion SODEC.

L'Éditeur bénéficie du soutien de la Société de développement des entreprises culturelles du Québec pour son programme d'édition.

Nous reconnaissons l'aide financière du gouvernement du Canada par
l'entremise du Programme d'aide au développement de l'industrie de
l'édition (PADIÉ) pour nos activités d'édition.

Hélène Renaud et Jean-Pierre Gagné

8 moyens efficaces pour réussir mon rôle de parent

4e édition

LES ÉDITIONS
Quebecor
Une compagnie de Quebecor Media

À Francis, mon premier et merveilleux enfant.

À Marie-Hélène, cette belle fleur qui ne cesse de s'épanouir
et à Denis, mon maître de bonté.

À vous trois qui m'avez montré le chemin.

Hélène Renaud

À moi, qui n'ai pas fini d'apprendre et qui ai encore
beaucoup de travail pour défaire les engrenages
qui m'empêchent d'être entièrement un bon parent-guide,
parent-complice. Et à tous ceux qui, comme moi,
désirent découvrir la joie d'être parent.

À Nicole, ma femme, qui m'enseigne la compassion,
à Sébastien, mon miroir qui me fait évoluer,
à Jean-Marc, mon rayon de soleil qui me fait vivre toutes
sortes d'expériences,
merci pour toutes ces leçons de vie.

Jean-Pierre Gagné

REMERCIEMENTS

*Nous aimerions remercier
Jacinthe Gagnon et Guy Larrivée,
pour leur aide à la rédaction afin de rendre
certains passages de ce livre plus clairs.
À Francis, pour sa patience et sa collaboration,
et pour le traitement de texte.*

AVANT - PROPOS [1]

Vous trouverez dans ce livre des trucs et des outils d'une grande efficacité en accord avec le parent et l'enfant. Ils vous permettront de lâcher prise à des théories, des modèles et des attentes basés sur l'irrespect de l'enfant et auxquels toute la société fait référence.

Cette approche convient à ceux et à celles qui veulent assumer pleinement leur rôle de parent et ne plus laisser leur tâche d'éducateur au hasard. C'est une pratique simple pour les parents d'aujourd'hui.

Les personnes qui appliquent cette approche constatent un changement important dans leurs relations. Pour elles, les moyens que nous proposons sont d'une grande efficacité. Il ne peut en être autrement parce qu'ils *nourrissent* la relation entre le parent et l'enfant.

---

[1] La forme masculine a été employée dans le seul but d'alléger le texte.

INTRODUCTION

VIVRE AVEC PLUS DE JOIE
MON RÔLE DE PARENT

Ce livre a été écrit dans le but d'aider les parents à se sentir mieux dans leur rôle et de leur permettre de vivre avec leurs enfants une relation mutuellement satisfaisante et des plus harmonieuses. Il permet aussi aux enfants de se développer et d'atteindre le maximum de leur potentiel dans un climat de détente et de respect.

Avant la naissance de nos enfants, nous avons tous eu des théories et des idéaux d'harmonie, de relation affectueuse, de compréhension mutuelle, et voilà que parfois surgissent des conflits, des frustrations et... notre rêve s'évanouit.

Nous nous rendons compte que nous manquons de moyens pour communiquer avec eux, pour les élever, pour les éduquer. De l'abus d'autorité au laisser-faire, nous ne savons plus où donner de la tête. Les enfants sont frustrés et, par conséquent, nous aussi. Nous sommes déçus de la relation que nous entretenons avec nos enfants.

Nous sommes conscients que le climat social et économique dans lequel nous vivons actuellement met les parents dans des situations contraignantes: contraintes de temps, d'argent et de disponibilité envers nos enfants. Alors, lorsque nous communiquons avec eux, nous en avons assez de toujours avoir à répéter, à menacer, à crier, à argumenter, à devoir régler les problèmes de querelles de chacun.

Nous vous proposons, dans ce livre, d'expérimenter une nouvelle approche simple, respectueuse du parent et de l'enfant, qui permettra de rendre vos enfants plus responsables et plus autonomes. Aussi, vous y apprendrez des moyens pour mieux faire comprendre vos besoins à vos enfants et pour transmettre vos valeurs. Ces nouveaux outils vous guideront tout au long de votre vie. Ils vous apporteront joie, satisfaction, complicité et rapprochement.

En comprenant mieux les besoins relationnels de vos enfants et en développant l'écoute, vous leur permettrez de venir se confier à vous et de se sentir compris. En adoptant de nouvelles attitudes, vous les amènerez à être capables de régler leurs conflits sans votre intervention.

Finalement, cette nouvelle approche vous permettra de vivre avec plus de joie votre rôle de parent.

Bonne lecture et bonne route dans ce nouveau cheminement!

POURQUOI LIRE CE LIVRE

Pour:

1. Permettre au parent de se sentir mieux maintenant.

2. Apprendre à se respecter et à respecter son enfant.

3. Connaître un mode d'emploi approprié au rôle de parent pour mieux élever son enfant.

4. Développer l'autonomie et la responsabilité chez l'enfant.

5. Se rapprocher de son enfant.

6. Pouvoir s'épanouir à l'intérieur des relations familiales.

7. S'élever soi-même, par l'éveil et la responsabilisation du parent.

BASE OU FONDEMENT
DE CETTE APPROCHE

Chaque être humain, de par ce qu'il est, a le droit d'exister, de s'exprimer et de se développer afin de devenir ce qu'il *doit être*. Mon intervention envers mon enfant doit se faire dans le plus grand respect. Je me dois de reconnaître sa vitesse d'apprentissage, sa limite intellectuelle et ses habiletés physiques.

En tant qu'humain, je suis un être de relation. Aussi, pour me sentir en équilibre dans toutes mes interventions, *je dois m'occuper de moi sans oublier l'autre et m'occuper de l'autre sans m'oublier.*

Nous pouvons comparer ce grand principe au rôle que joue chacune de nos jambes pour assurer notre stabilité. Pour rester en équilibre, je dois répartir mon poids également sur mes deux jambes. Dans cette illustration, la jambe droite représente moi et la gauche, l'autre. Donc, pour ne pas être en déséquilibre dans ma relation avec l'autre, je dois mettre autant d'importance et d'intérêt sur mes deux jambes, moi et l'autre.

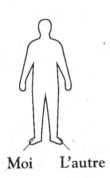

Moi   L'autre

Ex.: • Quelque chose me dérange dans le comportement de mon enfant. Je me dois (pour moi) de lui exprimer ce qui m'affecte. Cependant, si je lui dis en m'impatientant, sur un ton arrogant, ou en criant et en l'humiliant devant les autres, *j'ai tenu compte de moi (jambe droite), mais je l'ai oublié (jambe gauche).*

• Je consacre tous mes temps libres à mon enfant et ne me garde pas de temps pour répondre à mes besoins personnels. *Je tiens compte de lui (jambe gauche), mais je m'oublie (jambe droite).*

Dans ce dernier exemple, comme je montre à mon enfant à mettre trop d'importance sur lui en m'oubliant, il a appris à m'oublier ou (puisque je suis son modèle) à penser aux autres en s'oubliant.

✳ C'est donc une erreur que de trop s'occuper de son enfant par crainte qu'il ait des difficultés dans son apprentissage de vie. Chaque épreuve le fera évoluer. Il est également malsain de m'oublier, de sacrifier tout mon temps et toute mon énergie pour mon enfant parce qu'il ne reste plus rien pour moi. C'est mauvais pour lui, c'est mauvais pour moi.

Il me faudra, dans toutes mes interventions, tenir compte tant de moi que de lui... *C'est bon pour moi, car ceci me permet d'être en équilibre.*

Je lui apprendrai aussi, en étant un parent guide et complice, à tenir compte de lui et de moi... *C'est bon pour lui, car ceci lui permet d'être en équilibre.*

LES QUATRE PILIERS
DE CETTE APPROCHE

Afin d'arriver à notre but, nous allons garder en mémoire quatre piliers de base qui vous guideront dans cet ouvrage. Ces piliers vont revenir dans plusieurs chapitres et outils que nous vous suggérons. Ils vont être développés afin de vous permettre de les intégrer dans toutes vos interventions relationnelles.

1. Élever mon enfant: le porter vers le haut par rapport à «l'intérieur» (l'essentiel) versus abaisser mon enfant, le mettre en contraction par rapport à «l'extérieur» (le superficiel).

2. Trouver la «dilatation» (bien-être) dans mon rôle de parent versus la «contraction» (tension), et créer un lien solide avec mon enfant.

3. Être un parent-guide et un parent-complice dans toutes mes interventions.

4. Comprendre les besoins fondamentaux dans l'évolution de l'enfant. Connaître les pistes pour combler ces besoins vitaux et savoir récupérer si je n'ai pas comblé ces besoins.

Les outils que nous vous suggérons peuvent être mis en pratique dès que vous les apprenez. Vous serez en mesure d'en constater l'efficacité rapidement en remarquant le changement chez votre enfant. De plus, ces outils vont vous permettre d'améliorer et de mieux vivre votre rôle de parent.

PREMIER MOYEN
ÉLEVER SA CONSCIENCE

Il s'agit ici de permettre à chaque parent d'être capable de se voir dans son rôle de parent en relation avec ses enfants.

Le parent pourra être en mesure de déterminer ce qui va bien dans ses interventions et sa relation afin de reproduire ces moments et ce qui va moins bien pour pouvoir transformer ce qui ne lui plaît pas. Il sera capable de définir les zones de tension en étant témoin des gestes et des paroles qui ont pour effet d'induire ou de maintenir certains comportements dérangeants chez son enfant.

OBSERVER POUR MIEUX ÉLEVER
MON ENFANT

Pour mieux voir ma façon d'agir avec mes enfants et la transformer, je dois au départ en prendre conscience, c'est-à-dire avoir un regard plus attentif sur ma façon de communiquer avec mon enfant. Je dois être conscient des sentiments et des émotions que nous vivons dans cette relation, de ce que je dis à mon enfant, des mots que j'emploie, de la façon que j'ai de lui parler et de le toucher.

Pour mieux voir, je dois aussi élever ma conscience, c'est-à-dire *avoir un regard plus large* sur ce qui se passe quand je suis en relation avec mon enfant. Plutôt que de regarder uniquement l'enfant qui est devant moi, je vais regarder toute la scène. Je vais donc mieux voir notre responsabilité mutuelle lorsque la relation est chaleureuse et agréable, ou lorsqu'il y a conflit. Quelle est ma part et sa part de responsabilité lorsqu'il y a union entre nous deux, ou une bonne relation? Quelle est sa part et ma part de responsabilité lorsqu'il y a éloignement entre nous deux ou s'il y a conflit?

On se regardera dans notre relation comme on regarde la relation entre les autres.

Ex.: • Comme je regarde les autres parents à la clinique médicale, je m'observe dans de telles situations.
  • Comme je regarde ma belle-sœur avec ses adolescents, j'observe ma relation avec mon ado.
  • J'observe comment je m'adresse à mon enfant... J'observe mes réactions et ses réactions.

Je regarde notre responsabilité mutuelle dans chaque scénario. Et si quelque chose ne me plaît pas, j'aurai le choix de le transformer, de le changer afin que les acteurs puissent vivre une relation plus satisfaisante.

Ainsi, je deviens témoin des acteurs:
  • mon enfant: son comportement, sa vision, sa perception.
  • moi: mon comportement, ma vision, ma perception.
  • et le jeu des acteurs: la relation entre nous, comme dans une pièce de théâtre. Ici, je suis à la fois l'acteur et le scénariste. À moi de décider de la tournure des événements et d'adapter le scénario en conséquence.

ÉLEVER MON ENFANT

On parle souvent «d'élever des enfants». «Élever», le mot le dit bien, signifie «porter vers le haut».

Si nous parlons des animaux, nous dirons «dresser un animal» pour lui faire acquérir des apprentissages, le soumettre, le plier à une certaine discipline. Il obéira par la contrainte, les punitions, ou par les récompenses.

Par contre, si je parle de l'humain, d'un enfant, je peux l'élever en lui permettant d'atteindre une grandeur morale, affective, intellectuelle et sociale. *D'atteindre ce qu'il est* selon ses capacités, son potentiel, ses forces et ses limites. *Je l'élève jusqu'à ce qu'il puisse lui-même s'élever.*

Je pourrai le guider et être son complice tout en lui permettant avant tout «d'être», et non pas le façonner à ce que je crois qu'il «devrait être». Il pourra s'individualiser et, ainsi, m'élever moi aussi puisque je prendrai conscience de sa façon d'être, de ses compétences, de ses limites et, surtout, de ses différences. Il pourra même être un modèle pour moi dans certains domaines.

COMMENT ÉLEVER
OU GUIDER MON ENFANT

Élever son enfant, c'est lui permettre de s'épanouir, de développer ses qualités, ses aptitudes et ses goûts. C'est favoriser ses apprentissages dans un milieu sain et sécuritaire. C'est aussi lui montrer le chemin de sa croissance relationnelle, en lui permettant de vivre et de laisser vivre l'autre.

Si l'enfant est laissé à lui-même, il agira comme bon lui semble, il répondra à ses goûts et à ses fantaisies. Je me dois même de l'encourager à se satisfaire, c'est-à-dire écouter ce qui l'enthousiasme, l'attire et ce que sont ses intérêts. C'est ce qui va lui permettre d'évoluer et de s'épanouir harmonieusement.

En effet, si je le bloque, il sera tendu (contraction) et peu apte à se développer. S'il se sent écouté, reconnu, il sera en «dilatation»: il aura une grande ouverture face à la vie, à son développement et à ses capacités.

Ex.: • Mon enfant veut faire une collection de bouchons. Je l'encourage, le stimule. (Même si cela me semble futile.)
  • Mon enfant aime les dinosaures. Je l'amène à la bibliothèque ou lui achète des livres sur le sujet, etc.
  • Mon enfant s'intéresse à l'informatique. Je l'inscris à un club, l'encourage, etc.
  • Mon enfant aime un sport en particulier. Je l'accompagne et le conduit à son activité.

Je lui permets d'être bien solide sur sa jambe «moi». Il voit son importance.

Moi

Là où il ne peut satisfaire complètement ou partiellement ses besoins, c'est lorsqu'il y a du danger pour lui ou que son comportement peut lui nuire ou nuit à une autre personne.

Ce seront mes pistes comme parent-guide et parent-complice pour orienter et accompagner mon enfant.

Naturellement, l'enfant n'a pas conscience des dangers physiques qui le menacent. Il n'a pas la notion du temps, des heures de sommeil qui lui sont nécessaires pour bénéficier d'un bon repos ni du type d'alimentation approprié à une croissance saine.

Seul, sans la présence d'un parent-guide, il ne se crée pas de structures. Il fait ses propres règlements, répond à toutes ses fantaisies, suit son instinct, ses goûts, sans aucune balise naturelle.

Ex.: • Jouer partout où il en a envie: rues passantes, voies ferrées.
• Se coucher quand bon lui semble.
• Manger ce qu'il aime sans limite raisonnable: chocolat, gâteaux, croustilles.
• Regarder la télévision sans limite d'heure et de choix d'émissions appropriées à son âge.

Il y a du danger pour sa sécurité, sa santé et son équilibre mental. Je ne peux donc le laisser à lui-même. Je le guide et suis son complice dans son apprentissage (évolution) en lui imposant des balises pour qu'il puisse mieux vivre et en m'occupant de répondre à ses besoins vitaux.

Ex.: • Je lui impose des heures de sommeil adaptées à ses besoins et en fonction de l'horaire familial. Il doit se lever à 7 heures pour aller à la garderie parce que je travaille.

• Je lui prépare des repas et des collations équilibrés ou lui procure des suppléments nécessaires à sa croissance.

Aussi, lorsque son comportement me sera désagréable, je lui ✳ dirai ce que son comportement provoque en moi. Ainsi, il saura où il nuit à l'autre. Chaque fois que son comportement m'empêchera de satisfaire un de mes besoins ou que mon enfant sera irrespectueux, je lui dirai quel sentiment négatif j'éprouve et là où je suis brimé. Il pourra alors choisir de changer ou de modifier ce comportement par respect des besoins de l'autre, et non pas par peur d'être puni. Je lui permettrai ainsi de mettre de l'importance sur sa jambe «l'autre».

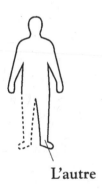

L'autre

Ce sera sa piste pour s'élever harmonieusement. *Se respecter, s'aimer, c'est s'occuper de soi sans nuire à l'autre et s'occuper de l'autre sans se nuire.* À ce moment seulement, il pourra vivre en équilibre.

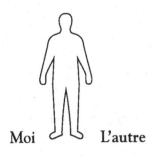

Moi   L'autre

ÉLEVER VERSUS ÉDUQUER

Éduquer un enfant, c'est lui apprendre des lois, des valeurs, des concepts qui régissent notre société, le monde dans lequel nous vivons. L'éducation est en rapport avec le monde extérieur.

Ex.: Éducation:
- à la propreté;
- au partage;
- aux bonnes manières;
- etc.

Quand je ne fais qu'éduquer, je mets tous les enfants sur le même palier. Je veux l'éduquer «à tout prix». Je veux qu'il acquière de bons principes sans tenir compte de ce qu'il est, de ses différences, parfois même en l'abaissant (prix).

Ex.:
- Mon enfant de trois ans ne veut pas partager son jouet. Je lui dis qu'il doit partager et qu'il n'est pas gentil.
- Mon enfant de huit ans n'a pas le goût de se laver depuis quelque temps. Je lui dis qu'il est malpropre et l'humilie devant les autres membres de la famille.
- Mon enfant n'a pas dit merci à sa grand-mère qui lui a donné un cadeau. Je lui dis qu'il m'a fait honte.

Au contraire, élever vraiment son enfant est en rapport avec le monde intérieur, d'où l'importance de guide et de complice en tant que parent. Parent, parce que nous sommes responsables de l'éducation et que nous répondons aux besoins de cet enfant. Guide, pour lui permettre d'entrer en contact avec son potentiel inné, en le soutenant dans son apprentissage, son expérimentation, son évolution. Complice, en suscitant chez lui le goût, l'intérêt intérieur de se développer, dans tous les domaines de son choix.

Le parent-guide et complice est donc celui qui permet à son enfant de se découvrir et de s'élever tout en étant responsable de son éducation et de son bien-être.

METTRE L'IMPORTANCE À SA PLACE

Mettre l'importance à sa place veut dire *mettre la priorité sur l'essentiel*, l'essence, ce qui vit à l'intérieur de l'humain, plutôt que sur le superficiel, ce qui n'a pas d'essence.

Chaque fois que j'interviens envers mon enfant, je devrais me poser l'une ou l'autre de ces questions:

Est-ce que l'équilibre de mon enfant, son être, sa personne, a la priorité sur mes croyances et mes valeurs?

1. **Est-ce que cela vaut la peine de démolir l'estime personnelle de mon enfant?**

Ex.: • L'humilier pour un coup de vadrouille à donner à cause d'un jus renversé, me fâcher pour une corvée non faite, des vêtements qui traînent, une tache sur le tapis. Que puis-je faire à la place?

2. **Est-ce que les valeurs m'importent plus que mon enfant?**

Ex.: • Frédéric et Michaël vont chez leur père la fin de semaine. Celui-ci a acheté une commode pour eux. Mais les enfants refusent de sortir leurs vêtements de leur valise, préférant y prendre leurs effets au fur et à mesure, selon leurs besoins. Leur père est déçu et agressif chaque fois qu'il parle de cela.
   • Charles, un adolescent de 14 ans, aime jouer de la guitare, ce que son père trouve peu important. Il met de la pression sur son fils pour qu'il passe plutôt ses temps libres à perfectionner ses techniques de hockey.

3. **Est-ce que les choses m'importent plus que mon enfant?**

Ex.: • Isabelle a une nouvelle bicyclette. Si elle la dépose par terre, sa mère l'agresse verbalement en lui disant qu'elle est peu respectueuse face à ses effets.

Tous les parents sont d'accord pour dire que leurs enfants sont très importants pour eux et qu'ils sont ce qu'il y a de plus important au monde. Si nous vous demandions: «Quelle valeur a votre enfant à vos yeux?», vous répondriez probablement, comme plusieurs parents, 100 % et même 150 %. Comment se fait-il alors que vous manquez d'égard, de bienveillance, de considération envers eux dans certaines situations? Comment se fait-il que vous abaissez parfois vos enfants pour un verre de lait renversé, pour une consigne non écoutée, pour un retard? Se pourrait-il que vous soyez dépourvu, que vous manquiez de moyens pour intervenir d'une façon respectueuse et adaptée au type d'enfant que vous avez?

QUEL EST LE BUT DE MON INTERVENTION? EST-CE QUE JE VEUX L'ÉLEVER OU L'ABAISSER?

Lorsqu'un comportement me dérange chez mon enfant, je devrais me demander:

1. **Quel est le but de mon intervention?** Est-ce que je veux l'éduquer sur les plans de l'ordre, de l'hygiène et des bonnes manières? Est-ce que je veux lui transmettre une valeur?

Ex.: • L'activité physique est aussi importante que les activités intellectuelles.
• Le respect.
• L'harmonie dans les relations fraternelles.
• L'amour de la lecture.
• L'intérêt pour les belles choses.
• Le goût de la belle musique.

2. **Si mon but est de l'élever dans ces domaines, est-ce que mes interventions m'amènent à ce but?**

Ex.: • Lui prouver qu'il n'est pas responsable, qu'il est désordonné, etc.
• Le culpabiliser (tu as fait ceci, cela).
• Lui faire peur, le menacer.
• L'humilier.
• Le punir.
• Le contraindre.
• Lui démontrer que j'ai raison.

Exemple 1: Mon enfant perd sa clé.

Est-ce que je veux lui démontrer, lui prouver qu'il est irres-ponsable («Tu n'as pas fait attention, tu vivras sans clé mainte-nant»), l'abaisser?

Ou est-ce que je veux lui faire acquérir le sens des respon-sabilités, l'élever dans ce domaine? «Comment cela est-il arrivé?» (guide) «C'est correct», «Que peut-on faire la prochaine fois pour que cela ne se reproduise pas?»(complice) Cela l'élève.

Dans ce cas-ci, l'enfant avait mis la clé dans sa poche et ne savait pas comment il l'avait perdue. L'enfant a proposé, puisque la poche n'était pas sécuritaire, d'accrocher la nouvelle clé à son cou.

Exemple 2: Mon enfant n'aime pas prendre des bains.

Est-ce que je veux lui démontrer qu'il n'est pas propre, qu'il sent mauvais, qu'il n'est pas digne et qu'il me fait honte, l'abaisser?

Ou est-ce que je veux lui faire acquérir le goût, l'intérêt de l'hygiène corporelle, de la propreté? «Quelle mousse aimerais-tu que je t'achète?», «Je t'ai acheté du savon "Compte-goutte". Je sais que tu l'aimes», et s'il s'est lavé: «Tu sens bon. J'aime l'odeur de tes cheveux.» (complice) Cela l'élève.

Exemple 3: Mon enfant ne me dit pas la vérité.

Je vois mon enfant de trois ans avec du chocolat autour de la bouche et je lui demande : «As-tu mangé les biscuits au chocolat que je t'avais défendus?» Ensuite, s'il me ment par peur d'être puni, je lui dirai: «Tu me mens. Je vois que tu as du chocolat autour de la bouche.»

Quel est le but de mon intervention? Lui prouver qu'il est menteur, l'abaisser, ou ne pas lui couper l'appétit avant le repas et lui faire voir que je suis ferme quand quelque chose peut lui nuire? Si c'est le cas, je mets les biscuits dans un endroit où il ne peut avoir accès.

DES MOYENS D'INTERVENTION ANCESTRAUX

Les générations précédentes nous ont transmis, à cause du peu de valeur qu'elles accordaient aux enfants, des façons de les éduquer peu respectueuses de la personne et de l'être qu'est réellement l'enfant. En effet, auparavant, on employait la peur et la culpabilité pour changer certains comportements des enfants. Aujourd'hui, par manque de connaissances, alors que nous considérons les enfants comme des «personnes», nous perpétuons ces mêmes méthodes inadaptées qui nous mettent, nos enfants et nous, en perpétuel déséquilibre relationnel.

Les répercussions qu'amènent la peur et la culpabilité

Ce qui anime l'enfant, le fait vibrer, c'est son besoin vital d'être aimé, surtout de ses parents, et ce qu'il craint le plus, c'est de ne pas être aimé, surtout que lui aime ses parents inconditionnellement.

Alors souvent, les parents vont se servir de ces armes terribles que sont la peur et la manipulation par la culpabilité. Elles sont très efficaces pour changer certains comportements puisqu'elles touchent un besoin vital pour lequel l'enfant est sans défense, c'est-à-dire son grand besoin d'être aimé.

Consciemment ou inconsciemment, les parents tombent facilement dans le panneau, par impuissance à obtenir la coopération de leurs enfants. Mais les répercussions sont autres que simplement l'acceptation des consignes.

Les parents atteignent l'enfant dans son besoin le plus vital. Celui-ci va développer de la culpabilité et des peurs. Plus tard, il devra vivre avec ces peurs et cette culpabilité ou faire des démarches thérapeutiques pour s'en dégager.

Ex.: • Il vivra de l'insécurité affective face à son conjoint: «M'aimes-tu vraiment?»
 • Il aura peur de déplaire, d'être rejeté, etc.

Est-ce que je veux que mon enfant ait des peurs et se sente coupable? qu'il se sente responsable de tout ce qui arrive aux autres?

Ex.: À un jeune enfant:
- Je hais ça un enfant qui n'écoute pas.
- Si tu ne restes pas près de moi, je ne t'amène plus ici.
- Moi qui suis si gentil pour toi.
- C'est pas gentil, ça.
- Tu me fais honte.
- Tu me mets en colère.

À un adolescent:
- Tu n'es pas reconnaissant pour tout ce que je fais pour toi.
- Tu me fais de la peine.
- Tu nous fais souffrir, ton père et moi.
- Tu nous rends la vie difficile.
- Si tu pouvais partir, on aurait la paix.

MA PERCEPTION ET SA PERCEPTION (NOS PRISMES) SONT DIFFÉRENTES

Chaque individu possède une perception unique et différente. Notre perception se façonne en fonction de notre vécu (nos expériences de vie), notre culture, notre religion, les valeurs véhiculées par nos parents et le milieu social dans lequel nous vivons. Il y a aussi une différence de perception en fonction de notre âge et de nos intérêts.

Ex.:
- Une personne peut aimer que tout soit à l'ordre dans sa maison, tandis que son conjoint n'y accordera aucune importance et sera désordonné.
- Un individu peut être fanatique de hockey, alors que son voisin n'y voit aucun intérêt.

Il est donc primordial pour moi de prendre en considération que la perception de mon enfant est totalement différente de la mienne et qu'il a des goûts et des aspirations bien différentes des miens. En effet, son potentiel et ses qualités l'amènent à penser et à agir différemment. Il ne faut pas oublier aussi que ce qui semble banal pour moi peut être catastrophique ou avoir beaucoup d'importance pour lui.

Ex.: • Pour un enfant, une éraflure peut prendre une dimension démesurée et sera considérée comme une banalité par son parent: «Voyons donc! Ce n'est qu'une petite égratignure.»

• Pour un adolescent, parler au téléphone avec des amis pendant des heures a beaucoup d'importance tandis que pour le parent, c'est une perte de temps.

LA PERCEPTION SELON L'ÂGE

Phase 1

Le petit

Ce qui attire, stimule et fait agir l'enfant, c'est l'amour, le plaisir de se découvrir et de découvrir son environnement. Sa motivation vient donc de l'intérieur.

Ex.: • Il aime voir tous ses jouets, ses vêtements, ses effets éparpillés un peu partout parce qu'il peut alors voir beaucoup de couleurs, palper des objets, des tissus, etc. Ainsi, lui demander de ranger sans l'aider à développer le goût, l'intérêt pour cette activité sera souvent une source de remontrances et de conflits entre le parent et l'enfant.

Perception versus méchanceté

L'enfant ne fait rien de mal... Il n'est pas méchant puisque pendant la petite enfance, il perçoit mal le vocabulaire (les mots) des grands. Les parents se servent des mots pour raisonner un petit: «Tu fais de la peine à maman, tu es méchant.» C'est abstrait pour lui. Le petit n'ayant pas «l'âge de raison» (vers six ou sept ans) ne peut percevoir le sens réel de «peine» ou de «méchant». Il perçoit seulement la mère fâchée.

Il n'est pas méchant:

1. Puisque le petit enfant n'a pas conscience de l'impact de ses comportements, il va lancer son plat par terre, va prendre le récepteur du téléphone et le remettre à côté du téléphone. L'enfant perçoit que le parent réagit face à certaines de ses actions et il aime faire réagir son parent. Il ne perçoit ni le bien ni le mal. Il se dit: «Quand je lance mon plat par terre, ils réagissent.» Il y cherche sa joie. Il ne sait pas ce que c'est de ramasser les dégâts sur le plancher et les murs. Il revient à moi de trouver un moyen pour limiter les dégâts jusqu'à ce qu'il puisse prendre conscience des répercussions de son geste.

2. Puisque le petit enfant vit dans le moment présent, il oublie la consigne de la veille et souvent même celle d'il y a cinq minutes. *Il est dans le moment présent.* J'ai à lui redire les consignes avec bienveillance et considération plusieurs fois.

Truc

Pour qu'une consigne soit mieux entendue par l'enfant, il est bon de lui toucher le bras et de placer son visage devant le sien pour qu'il puisse mieux capter le message.

3. Puisque ma perception de la santé, de l'hygiène corporelle ou des dents n'a pas de sens pour lui, c'est-à-dire qu'il n'en voit pas l'importance pour lui actuellement, il faudra que je lui répète maintes et maintes fois avec bienveillance (jusqu'à ce qu'il en comprenne l'importance et en développe l'habitude).

Truc

Je l'accompagne, je le fais avec lui.

Ex.: • *On se brosse les dents.*
• *On se lave les mains.*

«Avec bienveillance», parce qu'il se sent bien quand je m'adresse à lui avec égard. Si je suis bienveillant envers lui, lorsque j'interviens face à une demande ou toute autre intervention, il associera plus facilement cette action au bien-être. Il en développera plus vite le goût ou l'habitude.

«Avec arrogance»: cela développe chez lui de la répulsion. Il ne le fait pas ou essaie de l'éviter. En effet, il ressent un mal-être quand je lui parle avec arrogance et il associe l'activité avec mal-être, tension, contraction. Ex.: Quand je lui demande régulièrement et avec impatience, ou même sarcasme, de se brosser les dents. Pour lui, se brosser les dents rime avec «Je me sens mal».

4. Puisque ma perception de l'ordre n'a pas de sens pour lui, il ne voit pas le désordre.

Ex.: Il a bu dans le salon et il y laisse son verre.

Comme nous l'avons dit, sa motivation vient de l'intérieur, c'est-à-dire qu'il n'est branché que sur le plaisir, qu'à ce qui l'intéresse dans le moment présent.

Aussi, l'accuser de ne pas m'écouter ou de faire exprès pour ne pas m'écouter quand je lui demande de ranger au fur et à mesure, c'est l'accuser injustement puisqu'il ne le voit pas. En effet, il ne voit pas cette assiette ou cette chaussette qui traîne. Le rangement n'a, en général, aucune importance pour lui.

D'ailleurs, il voit à son bien-être (c'est ce que je veux pourtant comme parent) en se facilitant la vie.

Ex.: • Il enlève son pantalon et le laisse par terre. Pour le remettre, il n'aura qu'à le reprendre par terre et à l'enfiler.
• Il dépose sa tuque dans les marches de l'entrée. Il n'aura qu'à la reprendre et sortir.

Donc, ce qui n'a pas d'intérêt pour lui, il ne le voit pas. Alors, forcément, il n'en perçoit pas l'importance.

Alors, si c'est important pour moi, je devrai d'abord lui exprimer ma valeur, mon besoin ou l'inconvénient que cela apporte et lui demander de ranger, avec patience et fermeté, en lui donnant petit à petit le goût et l'intérêt de vivre dans un environnement structuré et fonctionnel.

N'oubliez pas qu'il a la conscience d'un enfant parce que c'est un enfant.

Phase 2

Évolution

Certaines perceptions ne se développent que plus tard. Alors, en vieillissant, l'enfant commence à prendre de plus en plus conscience du temps, de l'espace, des émotions, des valeurs, du respect et du partage (surtout s'il y a goûté). Je dois tenir compte de tout cela. Il serait irrespectueux et injuste d'exiger et d'imposer sans tenir compte de l'évolution de l'enfant au niveau de sa perception.

Ex.: Certains enfants ont de la difficulté à tenir compte d'un horaire et acquièrent cette capacité plus tard.

Magalie, huit ans, a, depuis une semaine, une maquette à faire pour un travail scolaire. Elle doit la remettre demain. Il est 19 heures et à 20 heures, elle doit se coucher. Elle demande à sa mère de l'aide pour ce travail. Sa mère est surprise et frustrée par le manque de temps qu'elles auront pour l'effectuer.

Peu de parents réagissent calmement dans une situation comme celle-ci. En effet, face à une telle surprise, le parent se montre souvent irrité et blâme l'enfant de son manque de responsabilité. Ce qui est faux et injuste. Ainsi, il l'abaisse et ne peut donc l'élever dans ce domaine. Dans cet exemple, c'est la première fois que Magalie est mise dans cette situation. Elle n'avait pas encore assez conscience de l'espace-temps et de ses limites.

Avant de blâmer sa fille, la mère s'est donné un moment de recul, a réfléchi et s'est rendu compte que c'était la première fois que son enfant vivait l'expérience d'avoir à remettre un travail pour lequel elle avait à se situer dans le temps.

Elle a donc exprimé à Magalie ce qu'elle ressentait sans la blâmer: «Je suis surprise et découragée d'avoir à faire ce travail à la dernière minute (guide). Je vois que tu n'as pas réalisé que le temps passait (écoute bienveillante de la perception actuelle de Magalie). Je vais t'aider, mais j'aimerais que nous trouvions ensemble de quelle façon nous pourrions y parvenir la prochaine fois pour ne plus vivre cette pression d'un travail fait à la dernière minute (complice).»

Elles ont décidé ensemble que Magalie l'aviserait, dès le premier jour, quand elle aurait un travail de longue haleine à remettre et, ainsi, elles pourront structurer leur emploi du temps en fonction du travail demandé par son professeur. *À ce moment, elle l'élève face au temps.*

De la même façon, dans plusieurs comportements, l'enfant plus vieux ne fait rien de mal. Avant de lui prêter de mauvaises intentions, nous devrions faire une vraie écoute des mobiles de ses gestes et des carences sur le plan de ses besoins vitaux. Nous pouvons aussi nous demander si nous l'avons élevé dans ce domaine. Sinon, il faudra le faire comme avec un jeune enfant (voir «Récupération», page 219).

Il me faut donc changer ma vision face à la perception de l'enfant. Nous devrions nous demander: Est-il coupable ou innocent? avant de porter un jugement sur lui.

LES DIFFÉRENCES ENTRE LES ENFANTS

Tous les enfants, même ceux du même âge, sont différents. Il est tentant, pour un parent, de comparer les enfants entre eux ou encore de comparer son enfant à un idéal de qualités ou de vertus que devrait avoir un enfant (selon mes attentes).

Pourtant, tous les enfants sont «incomparables» et il est irrespectueux et injuste aussi de ne pas respecter cette différence. Certains parents disent: «Comment se fait-il qu'un de mes enfants a telle ou telle difficulté? Pourtant, je les ai tous élevés de la même façon.» Justement, il ne fallait pas tous les élever de la même façon en raison de ces différences.

Voilà pourquoi les comparaisons entre deux enfants sont vaines et menaçantes pour les deux. *Lorsque je compare deux enfants entre eux, je compare deux éléments qui ne se comparent pas.*

(Ex.:) J'ai un enfant qui naît avec une grande facilité à partager et un autre qui a de la difficulté à partager. Je complimente et montre mon admiration à celui qui aime partager. Je diminue l'autre et le force à partager.

Cette attitude envers le deuxième enfant est injuste et irrespectueuse. Le parent devrait se dire: «Celui-là n'est pas méchant, il est différent. Comment puis-je lui faire intégrer petit à petit cet intérêt, ce goût de partager avec les autres? Comment puis-je l'élever dans ce domaine?»

Truc

Au lieu de lui donner une seule petite collation pour l'école, je peux lui en donner quelques-unes à partager avec les autres (complice) pour qu'il goûte au plaisir de partager. Moi aussi, je peux partager avec lui des choses qui m'appartiennent et qu'il aime et lui dire: «J'aime partager avec toi.» Je suis un modèle et je ne m'attends surtout pas, dès le lendemain, que cette notion soit intégrée et qu'il se mette à partager. Je lui laisse le temps d'intégrer, de s'élever dans ce domaine.

Les comparaisons sont source de pression pour l'enfant qui les vit. Elles sont d'abord dégradantes pour celui «qui a le tort» de ne pas être à la hauteur de l'autre dans un domaine spécifique. Il se sent abaissé, rejeté et non aimé pour ce qu'il est. Ces comparaisons affectent aussi celui qui a réussi mieux que l'autre.

1. Il vivra de la pression. «On m'aime pour cette force-là. Donc, si je ne veux pas être comparé négativement et ne pas me sentir aimé, je dois toujours être le meilleur dans cet élément»;

2. Il perçoit que lui aussi est comparable aux autres dans ses faiblesses.

Réflexion

Les enfants comparés positivement ou négativement ne se sentent pas aimés pour ce qu'ils sont mais pour ce qu'ils font.

SA PERCEPTION PAR RAPPORT À MA DISCIPLINE

Sa perception du danger et des éléments nuisibles pour lui ou les autres n'est pas encore formée et j'ai beaucoup d'influence sur un enfant.

Dans la perception des enfants, rien n'est grave. Pourtant, dans celle des parents, plusieurs choses sont dangereuses, nuisibles et interdites. J'ai la possibilité de comprendre ce qu'il vit, mais l'enfant est dans l'impossibilité de comprendre le sens de mes restrictions, n'ayant pas la maturité et les valeurs que j'ai accumulées tout au long de ma vie. Je me dois donc de dédramatiser plusieurs événements, d'expliquer et de démontrer plus à mon enfant, en comprenant que lui ne perçoit pas les choses ou les événements de la même manière que moi. Je lui dirai que *je reconnais sa façon de percevoir tel ou tel concept ou discipline, mais que je dois intervenir comme parent responsable et rester ferme.*

Ex.: • «J'entends bien quand tu me dis que tu aimerais rester debout plus longtemps. Mais tu dois te coucher afin d'avoir suffisamment d'heures de sommeil pour récupérer.» (Moi et lui, les deux jambes.)

• «Je vois que tu préférerais toujours manger de la pizza, mais je ne peux te le permettre que de temps en temps pour que tu puisses goûter à d'autres aliments nécessaires à ta croissance.» (Moi et lui, les deux jambes.)
(Voir Sixième moyen, «La responsabilité», page 149.)

Les répercussions de cette nouvelle perception sur:

• moi: Cela m'aide à me sentir mieux. Je m'enlève de la pression. Parce que je comprends mieux ce qu'il vit.

• lui: Il se sent plus respecté comme enfant. En changeant certaines interventions, je lui permets d'être plus conscient de son évolution et de prendre plaisir à ses petites réussites.

• notre relation: Cela permet de nous rapprocher.

En effet, quand je prends conscience de ces différences de perception, je:

• comprends mieux mon enfant;
• suis plus tolérant envers lui;
• explique davantage en tenant compte de cette différence de perception;
• trouve d'autres moyens d'intervenir, en suscitant le goût, l'intérêt, le plaisir;
• privilégie les petites réussites.

ÉLEVER VERSUS ABAISSER

J'observe les mots:

Ai-je des mots qui l'élèvent (il est quelqu'un):

- C'est beau!
- Vas-y!
- Je t'aime.
- Tu es important pour moi.
- Je suis là.
- C'est correct, ce n'est pas grave.

Ou des mots qui l'abaissent (il est quelque chose):

- Tant pis pour toi.
- Laisse faire, ça va assez mal comme ça.
- Imbécile!
- Tu n'aurais pas dû faire ça.
- Cesse de m'achaler.
- Je ne crois pas que tu réussiras.

LE PARENT DÉFINIT L'ENFANT

C'est le parent qui définit à l'enfant ce qu'il est. L'enfant se développe émotivement et psychiquement d'après le modèle de parent qu'il a et, surtout, d'après l'image que les parents lui projettent. Étant presque un dieu pour lui, si je traite mon enfant d'incapable, tout ce que je dis est vrai. Il va se croire incapable. De plus, un tout jeune enfant, n'ayant pas atteint l'âge de raisonner, ne peut remettre en question ce que je lui dis. Alors, c'est vrai pour lui, c'est de l'acquis. Il se l'approprie comme une réalité. Il achète cette image de lui. Je suis: un sans-dessein, une tortue, un boqué, une tête de cochon, un monsieur dégât, un pas gentil, un méchant, un imbécile, un fatigant, un effronté, etc.

Ex.: Le père de Charles, quatre ans, est perfectionniste. Il a de grandes attentes envers son fils. Aussi, chaque fois que Charles ne réussit pas quelque chose, son père lui exprime ainsi sa déception ou son insatisfaction: «Tu ne peux ramasser tes jouets sans que je te le dise... courir assez vite... attraper un ballon correctement, etc.» Charles, qui ne peut raisonner, s'approprie le fait d'être un incapable dans tout et une source de déception et d'insatisfaction pour ses parents.

Il faudra que le père de Charles mette surtout l'accent sur les aspects positifs de son enfant, pour que celui-ci puisse récupérer son estime personnelle.

Il est dans l'intérêt de mon enfant et dans le mien de le définir positivement. Il achètera cette image de lui. Je suis: habile, vite, intelligent, souriant, serviable, généreux, aimable, poli, ordonné, responsable.

Définir négativement

Ex.: Je définis mon enfant comme un irresponsable ▲. Cela s'inscrit en lui (intérieur), ce qui l'affecte et m'affecte actuellement.

Et il va me le prouver par ses comportements (extérieur).

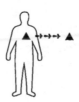

Plus tard aussi, cela l'affectera et m'affectera lorsque nous constaterons qu'il se sent irresponsable dans plusieurs domaines.

Comment puis-je faire pour l'élever dans ce domaine?

Autre ex.: Je le définis comme un bébé •. Cela s'inscrit en lui (intérieur).

Et il va me le prouver par des attitudes immatures (extérieur).

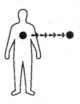

Je le définis par une affirmation: «Tu es un bébé (inscription en lui).» Il développera cette attitude inconsciemment.

Il le prouvera davantage au parent et confirmera l'affirmation du parent: «Il est un bébé (immature).»

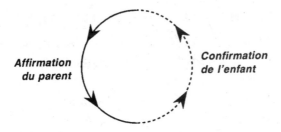

IL S'EST FAIT UNE IMAGE NÉGATIVE DE LUI.

Et ça recommence et s'inscrit davantage chez le parent et l'enfant.

Si je lui confirme régulièrement, c'est évident que cela s'ancrera de plus en plus en lui. Nous vivons, lui et moi, cette relation où «il est un bébé» (voir «Comment refaire l'estime personnelle de mon enfant», page 219).

Définir positivement

Si, au contraire, je le définis d'une façon positive, à la moindre occasion, même face à de toutes petites actions responsables, matures, respectueuses, etc., le même procédé d'ancrage s'installera en lui et dans notre relation.

Ex.: «Bravo! Tu peux déjà faire cela. C'est super!» Il me le prouvera par des attitudes adéquates.

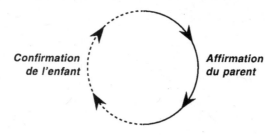

IL S'EST FAIT UNE IMAGE POSITIVE DE LUI.

ÉCHO

> **SELON CE QUE JE LUI DIS, IL SE FERA UNE IMAGE POSITIVE OU NÉGATIVE DE LUI-MÊME, UNE IMAGE DE GAGNANT OU DE PERDANT.**

Les mots qu'il entend ont une grande influence. Ils font écho en lui et reviennent régulièrement dans sa pensée pour lui donner du réconfort ou un sentiment de rejet ou d'inacceptation.

Par le subconscient, il s'est créé à l'image de la parole qu'on lui a transmise. Adulte, il est imprégné et limité par cette image intérieure, croyant que c'est lui. Encore là, il ne la remet pas en question; c'est inscrit en lui depuis son tout jeune âge.

Dans ses actions quotidiennes, il prend lui-même la relève de son parent et se dit intérieurement: «Je suis un incapable.» Il risque de se sentir incapable dans tout ce qu'il entreprendra et va se traiter d'incapable lui-même plus tard. À ce moment, je l'abaisse!

Soyez attentif à ce que vous dites, car votre parole est une baguette magique.

Parfois, nous projetons nos déceptions et nos frustrations sur nos proches. Les enfants en écopent souvent. Il est important de prendre conscience du langage que nous utilisons envers eux. Ne l'oublions pas, l'enfant construit son image en fonction du genre de parents qu'il a et, surtout, par l'image que projettent ses parents en s'adressant à lui ou en parlant de lui.

Si on le diminue, en soulignant fréquemment ses points faibles, et qu'en plus on l'empêche de s'exprimer, la perception de son image et de son estime personnelle sera très faible. Ainsi, il arrivera difficilement à s'affirmer avec les autres enfants. Face à ce comportement, le parent le diminuera à nouveau en disant: «Tu es faible. Ne te laisse donc pas marcher sur les pieds par tout le monde.»

Souvent, l'image de la victime est bien ancrée en lui. Ses comportements seront en fonction de cette image.

Comme parent-guide et complice, je soulignerai fréquemment ses points forts et je lui permettrai de s'exprimer sans le reprendre ni l'interrompre. Je lui dirai aussi des paroles bienveillantes.

Ex.: • Tu es vraiment habile pour ça.
• Tu as choisi de belles couleurs pour ton dessin.
• J'aime te regarder jouer.
• Tu apprends vite.

Voici un autre exemple. Mon enfant met beaucoup de temps à faire ses devoirs et ses leçons, mais il est doué et apprend vite. Je fais quelque chose pour l'élever au niveau de sa lenteur (ex.: je lui mets une minuterie, ou encore il a une permission spéciale quand il a terminé dans un temps raisonnable) et je souligne plutôt sa facilité à saisir les explications. C'est bon pour lui, c'est bon pour moi. Son estime personnelle remontera et il se sentira quelqu'un face aux autres. Il se fera une image de gagnant.

> **«LES PAROLES DE BIENVEILLANCE PEUVENT ÊTRE BRÈVES, MAIS LEUR ÉCHO RÉSONNE À L'INFINI.»**
> **Mère Teresa**

LE TON DE LA VOIX

Sur quel ton est-ce que je m'adresse à mon enfant? Quelle est ma façon de lui parler? Le même mot, sur un ton différent, projette une valeur différente.

Tous les mots que nous exprimons ont diverses tonalités et sont teintés d'une vaste gamme d'émotions, ce qui a pour effet de donner des impressions différentes à un même mot. Le véritable sens de ce mot va se colorer selon le ton que nous allons employer.

Ex.: Le mot «bonjour», sur un ton joyeux, signifie «Je suis content de te voir». Le même mot, sur un ton agressif, peut vouloir dire: «Encore toi» ou «Je ne veux pas te voir».

Peu importe l'âge, l'enfant apprend à déceler le sentiment derrière le mot. En effet, les jeunes enfants sont très sensibles. *Ils sont plus touchés par le ton que l'on emploie que par les mots eux-mêmes.* Ils sont aussi plus proches de leur cœur que de leur tête. Ils sont donc très sensibles et décèlent facilement l'émotion derrière les mots. Pour ne pas les affecter, on tente parfois de les tromper.

Ex.: Le parent est triste et il fait semblant d'être joyeux. L'enfant pourra percevoir que lorsqu'on est triste, on fait semblant d'être joyeux. Il ne peut avoir une notion juste d'une véritable émotion.

Nous avons alors intérêt, pour le bien de notre enfant, à être vrai et authentique pour qu'il soit à son tour vrai et authentique. Qu'avons-nous à faire d'une relation où l'un et l'autre se dupent, jouent des rôles faux? Toute notre relation s'en ressent, et ni l'un ni l'autre n'avance. On ne peut changer ni évoluer si l'on n'arrive pas à exprimer avec justesse ce que l'on vit, ou encore si l'on est faux.

Ex.: La mère de Noémie, 15 ans, lui défend de fumer dans la maison. Lorsqu'elle arrive du travail, elle trouve des mégots de cigarette dans un cendrier. Elle demande à Noémie: «As-tu fumé?» Celle-ci nie avoir fumé pour éviter les remontrances de sa mère.

Cette façon d'intervenir suscite ressentiment, agressivité, perte de confiance et éloignement de part et d'autre. La mère aurait eu intérêt à avoir une relation franche avec sa fille et lui dire tout de suite «la vraie affaire»: ce qu'elle a vu dans le cendrier et lui parler de sa frustration. Son message aurait eu ainsi plus d'impact sur Noémie.

Ton d'acceptation

Si je suis sur un mode d'acceptation (égalité),

mon ton est: **je suis:**

- agréable;
- bienveillant;
- doux;
- joyeux;
- enthousiaste;
- ferme;
- affirmatif;
- vrai;
- juste;
- empathique (je te comprends).

- compréhensif;
- compatissant;
- patient;
- stimulant;
- authentique;
- tolérant.

Un ton positif élève l'enfant. Il sera positif. Il s'acceptera lui-même et acceptera les autres.

Les effets de l'acceptation:

- sécurise l'enfant;
- augmente l'estime personnelle;
- stimule et donne de l'enthousiasme;
- permet de s'ouvrir à la communication;
- invite à la coopération.

Lorsque je parle à mon enfant d'égal à égal, je favorise la communication.

> **MON TON BIENVEILLANT
> INVITE À LA COOPÉRATION.**

Ex.: Gabriel, trois ans, a versé trop de lait dans son verre. Son père l'aide à ramasser les dégâts avec lui. Il lui parle sur un ton bienveillant: «Ce n'est pas grave. Regarde, on verse doucement et on arrête au milieu.»

Son père a répondu au besoin d'expérimenter de Gabriel. Il l'a renforcé en étant un bon complice pour son enfant. Dans quelque temps, Gabriel réussira probablement à verser son lait sans le renverser.

Ex.: Caroline, 10 ans, range sa chambre. Elle est découragée, car il y a beaucoup à faire. Sa mère l'aide et voit, avec sa fille, où elle pourrait placer ses effets selon ses besoins. Elle lui parle chaleureusement de choses et d'autres. Elle évite de prêcher et maintient un climat agréable. Elle fait confiance au bon sens de sa fille. Celle-ci pourra expérimenter la satisfaction de l'ordre et la liberté de retrouver ses choses facilement. À ce moment, sa mère l'élève.

Sa mère a répondu à plusieurs besoins de sa fille, soit de la laisser expérimenter, d'être encouragée. Aussi, elle lui apporte sa complicité, tout en lui apprenant l'intérêt fonctionnel et pratique de l'ordre.

Ton de rejet

Si je suis sur un mode de rejet (supériorité),

mon ton est:

- sec;
- sévère;
- agressif;
- ironique;
- sarcastique;
- désintéressé;
- blessant;
- abaissant;
- humiliant.

je suis:

- arrogant;
- agacé;
- frustré;
- impatient;
- indifférent;
- intolérant;
- colérique;
- violent.

Un ton négatif abaisse l'enfant, il sera négatif. Il va:

- souvent juger les autres et faire des reproches;
- souvent critiquer;
- va attaquer les autres et ne se sentira jamais compris;
- grandir dans son monde négatif et s'en fera une réalité;
- être souvent mécontent, il ne sera jamais satisfait de lui et des autres.

Les effets du rejet:

- perturbe;
- fait peur;
- diminue l'estime personnelle;
- insécurise l'enfant;
- démoralise;
- provoque l'opposition;
- bloque la communication;
- n'invite pas à la coopération.

Lorsque je parle à mon enfant avec une attitude de supériorité, je coupe la communication.

Ex.: Gabriel, trois ans, a versé trop de lait dans son verre. Son père est choqué par le manque d'adresse de son fils. Il nettoie le dégât et l'avise sévèrement de ne plus recommencer: «Tu es trop malhabile, c'est moi qui verserai la prochaine fois.»

Gabriel aurait besoin de la complicité de son père pour expérimenter et se sentir compétent. Son père nettoie à sa place, le gronde, lui dit qu'il est incompétent. Cette image risque de rester imprégnée en lui. De plus, le fait que son père soit impatient et même intolérant dans ces situations met Gabriel dans un état de tension et son apprentissage pour verser le lait correctement sera plus long.

Ex.: Caroline, 10 ans, range sa chambre. Elle est découragée, car il y a beaucoup à faire. Sa mère lui dit avec arrogance: «Tu es désordonnée et tu n'as aucun respect pour tes vêtements, tes livres, tes jeux... Tu devrais placer ceci à cet endroit, cela là...» Elle lui fait un sermon sur l'ordre, l'organisation. À ce moment, elle l'abaisse et la dégoûte du ménage.

Caroline ne se sent pas épaulée. Elle est découragée. Sa mère ne lui a pas appris le côté pratique et fonctionnel de l'ordre. Caroline n'aura plus le goût de communiquer avec sa mère sur ce sujet (éloignement).

Mon attitude non verbale reflète-t-elle:

l'acceptation?
- Regard franc et aimant.
- Gestes empathiques.

le rejet?
- Regard fuyant, sévère, accusateur.
- Gestes brusques, parfois violents.

SUIS-JE AUTHENTIQUE?

Ce que je dis va-t-il avec ce que mon visage et mon corps reflètent et ce que je ressens réellement?

L'enfant perçoit plus fortement les émotions que les mots et les gestes. Aussi, des attitudes malhonnêtes telles qu'exagérer, minimiser et cacher la vérité rendent l'enfant confus, l'insécurisent, et il s'imprègne de ces attitudes malhonnêtes.

Témoignage

Lors d'un atelier sur l'écoute véritable, la mère d'une petite fille de quatre ans s'interrogeait sur ce point: «Je ne comprends pas ce qui se passe, disait-elle. Lorsque ma fille se blesse et pleure, je lui dis que je suis là, que je comprends sa peine, que cela doit être terrible pour elle. Résultat: elle crie et pleure encore plus.»

Nous avons demandé à cette mère de se rappeler sur quel ton ou quelle attitude elle avait exprimé ces mots. Elle a reconnu que, chaque fois que son enfant pleurait, elle-même devenait agacée et que, malgré ses mots compatissants, l'enfant devait ressentir toute son irritation.

CAS TYPE DE PARENTS
BIEN INTENTIONNÉS

Vu et entendu dans un restaurant: deux parents à leur enfant d'environ trois ans et demi assis calmement depuis plus de 30 minutes. L'enfant commence à s'agiter et à vouloir s'asseoir sur les genoux de sa mère. Celle-ci, bien intentionnée et voulant éduquer son enfant, lui fait la leçon: «Tu n'as pas été gentil. Tu n'as pas mangé ton hamburger (définit négativement et n'a pas souligné qu'il soit resté assis calmement pendant 30 minutes). Regarde la petite fille là-bas. Elle a tout mangé et elle reste assise sur sa chaise (compare, culpabilise). La prochaine fois, on ne t'amènera plus. On te fera garder chez mamie (peur).»

Réflexion

Beaucoup de parents qui veulent bien éduquer leurs enfants, agissent avec de bonnes intentions, mais ils ne se rendent pas compte de l'impact de leurs interventions.

Voici un autre exemple de parents qui veulent éduquer «à tout prix», même au prix de l'estime personnelle de leur enfant. Antoine, 14 ans, se passionne pour les jeux sur ordinateur. Il y passe tout son temps et refuse même les invitations de ses amis à faire d'autres activités. Ses travaux scolaires aussi s'en ressentent.

Ses parents lui reprochent d'être irresponsable (définissent négativement), le menacent de vendre l'ordinateur (peur), puisqu'il ne s'en sert pas pour ses travaux scolaires ou de la recherche pour se cultiver davantage. Antoine n'entend que des plaintes de leur part: «Tu n'es vraiment pas mature... Tu ne penses qu'à jouer... Fais autre chose... Ce n'est pas comme ça que tu vas avancer dans la vie..., etc. (culpabilisent au lieu d'imposer un temps limite à l'ordinateur, tout en respectant le champ d'intérêt de cet enfant).»

DEUXIÈME MOYEN
CRÉER UN LIEN

C'est dans la qualité de la relation (du lien) que l'enfant entretiendra avec moi qu'il ressentira son importance et le degré d'amour que j'ai envers lui.

L'IMPORTANCE DE CRÉER UN LIEN

Tous les parents aimeraient vivre une relation de complicité avec leurs enfants et se sentir unis dans une relation privilégiée d'amour et de soutien mutuel. Je devrais tenter de créer ce lien pour me satisfaire et me permettre de vivre cette belle aventure avec mon enfant. Je sais aussi que la qualité de ce lien sera proportionnelle à la qualité du respect entre nous et à la qualité de mon influence sur mon enfant. Je devrai nourrir et enrichir cette relation pour qu'elle devienne une source de bien-être pour moi et mon enfant, et pour qu'elle puisse nous nourrir mutuellement.

LES TYPES DE LIENS

Le lien qu'il y a entre deux personnes est ce qui permet de les unir. Il fait en sorte que l'on se sente inclus et qu'on ait le goût de s'investir dans une relation, une famille ou un groupe. Il permet de ressentir l'importance que l'on a aux yeux de l'autre.

Il est important dans une relation, quelle qu'elle soit, de maintenir le lien qui nous unit. Il est donc primordial d'être conscient du type de lien que nous avons avec les membres de notre famille. Selon le type de lien que nous entretenons avec notre enfant, le résultat fait en sorte qu'il se sent inclus (il ressent l'importance qu'il a pour moi) et qu'il a le goût de s'investir davantage dans la relation ou, à l'inverse, qu'il se sent exclu (il ressent qu'il n'a aucune valeur pour moi) et qu'il s'éloigne graduellement. Cela rend la relation presque impossible, voire invivable.

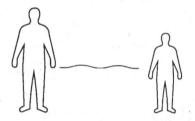

Éloigne davantage le parent de l'enfant

LE SENTIMENT D'APPARTENANCE

Le sentiment d'appartenance est très important pour l'humain. Pour chaque individu, il est vital de se sentir inclus dans une relation, de pouvoir sentir cette liaison par un lien précis, un point commun comme notre identité familiale («les Tremblay»), par certaines affinités physiques ou intellectuelles (clubs), ou encore par un intérêt commun (la nature).

Sans un lien commun, on s'isole, on s'exclut et on sent que l'on n'a aucune valeur aux yeux de l'autre. Et il est encore plus important pour l'enfant qu'il sente que sa propre identité est reconnue dans cette relation avec ses parents. En effet, s'il est d'abord lui-même avec toute son importance à l'intérieur d'une famille, cela renforce beaucoup le sentiment de sécurité chez lui.

Comment créer ce lien: démontrer l'importance

La clé essentielle pour créer un lien solide avec mon enfant est de lui *démontrer l'importance qu'il a à mes yeux*. Pour qu'il ait le goût de s'investir dans une relation avec moi, il doit ressentir qu'il a de la valeur pour moi: «J'ai de la valeur aux yeux de mon père (ou de ma mère).»

Je dois lui dire: «Tu es important pour moi» et lui démontrer régulièrement dans le quotidien, par mes attitudes bienveillantes, toute ma considération face à cette importance et à ce qu'il est pour moi.

Ex.: Mon jeune enfant se perd au centre commercial. Je suis très inquiet. J'ai peur pour lui et j'ai peur de le perdre. Au bout de quelques minutes, je le retrouve et le sermonne parce qu'il s'est éloigné. Je lui dis en criant à quel point il est inconscient de s'éloigner de moi et le menace de ne plus l'amener la prochaine fois.

La répercussion de ce message veut que l'enfant ne perçoit pas qu'il est important, mais plutôt qu'il a créé du désagrément à son parent, qu'il l'a déçu et qu'il est méchant.

Pour que l'enfant ressente la valeur, l'importance qu'il a pour lui, le parent aurait dû lui exprimer, dès qu'il l'aurait retrouvé, ce qu'il a vécu («les vraies affaires») et ce que son enfant est pour lui (son importance).

Ex.:
- Enfin te voilà!
- Je t'imaginais perdu et j'étais très inquiet!
- Cela me ferait tellement de peine de te perdre.
- Je serais vraiment triste de ne plus être avec toi.
- Tu es tellement important pour moi.

Ceci permet d'abord à l'enfant de constater l'intérêt que son parent lui porte, ce qui lui fait un grand bien. De plus, il sera plus apte, parce que moins tendu, à entendre le vrai message que je veux lui émettre: mon besoin qu'il reste à ma vue parce que je tiens à lui et que je l'aime.

Voir le beau en lui

> **«J'AIME ENTRER EN RELATION AVEC QUELQU'UN QUI VOIT LE BEAU EN MOI.»**

Nous avons tendance à exprimer facilement les torts et les erreurs de nos enfants et à ne pas remarquer toutes leurs actions positives et leurs belles capacités.

En effet, au moins 95 % de ce que sont nos enfants est beau. Cependant, dans notre esprit, le 5 % qui reste à améliorer prend beaucoup d'ampleur parce que nous voulons le changer, et nous ne voyons que cela. Cela inverse notre vision. Ce 5 % de négatif devient 95 % de négatif dans notre esprit, et nous percevons notre enfant ainsi.

Ex.: Samuel ne prend pas la responsabilité de ses travaux scolaires et parle parfois à sa mère avec arrogance. Sa mère lui reproche régulièrement de ne pas faire ses travaux et le sermonne quotidiennement sur ses comportements à l'école. Elle se sent malheureuse face à cela et en veut à Samuel. Celui-ci a pourtant des comportements satisfaisants, comme faire son lit chaque matin.

Dans nos interventions, nous reflétons à l'enfant ce 5 % de manques ou de limites avec tellement de déception que, pour lui aussi, ce 5 % devient un 95 %. Ainsi, il se définit comme un individu qui a en lui 95 % de points négatifs. Puisque c'est nous qui définissons nos enfants (je lui dis ce qu'il est), il le croit et se l'approprie.

Ex.: La mère de Samuel n'accepte pas de valoriser son fils pour les tâches familiales qu'il accomplit. Elle lui dit: «Tout ce que je te demande, c'est de t'occuper de tes travaux scolaires et de me parler respectueusement.» Elle met tellement l'accent sur ces points négatifs que Samuel se croit mauvais et sans valeur aux yeux de sa mère.

Malheureusement, les qualités et le potentiel de l'enfant diminuent, puisque ce n'est pas cela qui est mis en évidence.

Au contraire, ces qualités et ce potentiel augmenteront si je mets l'accent sur ses forces, ses acquis, etc.

Aussi, cette façon d'agir éloigne le parent et l'enfant.

Ex.: Samuel, sentant qu'il déçoit tant sa mère, s'éloigne peu à peu d'elle et développe d'autres comportements négatifs: il cesse de faire son lit, etc. Il se dit: «Puisque mes efforts ne sont pas remarqués, pourquoi devrais-je continuer?»

Lui révéler son potentiel par rapport à ce qu'il a

Être un détecteur de potentiel (capacités) versus être un détecteur de défauts et de limites, c'est mettre l'accent sur le 95 % du potentiel de son enfant plutôt que sur le 5 % de limites actuelles.

Pour être un bon détecteur de potentiel, je dois accepter les limites actuelles de mon enfant, et quand je le regarde, je lui reflète tout le beau qu'il a en lui. Je mets l'accent sur ses accomplissements, *aussi minimes soient-ils*. Ainsi, quand je vois le beau chez mon enfant, j'aime ce que je vois. Mais quand je reste figé sur les incapacités de mon enfant, je n'aime pas ce que je vois et j'ai de la difficulté à accepter mon enfant. «Comment puis-je aimer mon enfant si je ne regarde que ses défauts?»

Plus je deviens un détecteur de potentiel, plus j'aime mon enfant, plus je me sens bien avec lui et meilleure sera notre relation. L'enfant développera une plus grande confiance en lui et aura une bonne estime de lui-même tout en se développant à d'autres points de vue.

> **JE ME DONNE DE L'ÉNERGIE, LORSQUE JE REGARDE LA BEAUTÉ CHEZ MON ENFANT. LORSQUE JE REGARDE SES FAIBLESSES, JE M'ENLÈVE CETTE ÉNERGIE.**

(Pour les limites ou les incapacités dans lesquelles j'aimerais aider mon enfant, voir Troisième moyen, «L'escalier de l'apprenti-«sage», page 78, ainsi que «Les besoins des enfants», page 150.)

EXERCICE: JE DÉTECTE LE POTENTIEL CHEZ MES ENFANTS

Cet exercice de conscientisation vous permettra de changer ce processus afin de créer un lien avec votre enfant. Malheureusement, plusieurs parents ont de la difficulté à trouver des qualités chez leurs enfants. Si c'est votre cas, demandez à vos proches de vous aider.

Les forces ou les qualités de mon enfant*:

raisonnable
écoutant
souriant
poli
serviable

travaillant
bienveillant
empathique
intelligent
déterminer.

Ex.: Vite, intelligent, entreprenant, imagination féconde, beaux traits physiques, charme, air coquin, belle écriture, etc.

... même dans ses côtés négatifs:

—
—
—
—
—

Ex.: • Demande de l'argent: cherche son bien-être, ose demander.
• Prend le plus gros morceau: veut le meilleur pour lui.
• Parle beaucoup: expression facile, imagination féconde, enthousiaste.
• Confronte beaucoup: prend sa place, ose dire son point de vue.

LES RÉPERCUSSIONS

Quand je mets l'accent sur le potentiel, je me sens élevé et plein d'énergie. Je développe l'estime personnelle chez mon enfant. Cela nous rapproche et me permet ainsi de créer un lien solide avec mon enfant.

---

* C'est de cela que je lui parle le plus possible, au lieu de mettre toujours l'accent sur ses difficultés, ses incapacités ou ses défauts. Le parent-complice est capable de nommer au moins trois qualités ou actions positives de son enfant pour une faute (erreur, oubli, négligence, etc.), *et ce, chaque jour et chaque fois.*

JE LE FAIS POUR LUI, POUR MOI ET POUR NOTRE RELATION.

Quand je mets l'accent sur les défauts, les limites, les incapacités, etc., je l'abaisse et m'abaisse. Je me mets en contraction, je perds mes énergies, je mets aussi mon enfant en contraction. Cela nous éloigne et coupe le lien entre nous.

À chercher des défauts, on ne trouve que des défauts et on finit par ne plus voir les qualités.

Lui révéler ce qu'il est pour moi

On aime les gens qui nous apprécient et les gens apprécient qu'on leur dise qu'on les aime. Pourquoi nous priver de ce petit bonheur contagieux et gratuit! Dites concrètement à votre enfant:

- Tu es mon rayon de soleil.
- Ta présence me réconforte.
- Quand tu ris, ça me remplit de joie.
- Tu es ma joie.
- J'aime te voir sourire.
- J'aime te voir faire cette activité. Ça me rend heureux pour toi.

Tous ces messages, nous les ressentons, nous les pensons et, plus souvent qu'autrement, nous les gardons à l'intérieur. Et l'autre finit par penser qu'il est sans importance et, parfois, de trop. Il ne connaîtra jamais toute la valeur qu'il a à nos yeux. C'est peut-être facile de dire «Je t'aime» pour certains, mais le confirmer par quelques petits gestes et des paroles bienveillantes, tout au long de la journée, c'est ça aimer vraiment. C'est ça, faire circuler l'amour autour de soi. C'est ça, créer un climat détendu et harmonieux. C'est si simple...

Réflexion

 Certains parents croient sauver une situation en disant à leurs enfants «Je t'aime», même s'ils ont des comportements agressants ou non respectueux envers eux. Ceci fausse, chez les enfants, la valeur de l'amour.

Lui révéler ce qu'il m'apporte

En observant notre enfant, nous allons remarquer tout ce qu'il fait dans une journée et qui nous apporte quelque chose.

Ex.: • Il fait son déjeuner seul.
  • Il fait son lit.
  • Il s'habille tout seul.
  • Il fait ses travaux scolaires.
  • Il me dit un beau bonjour.
  • Il sort les ordures ménagères.
  • Il me fait un sourire.
  • Il m'aide.
  • Il joue tranquillement.

Je vais lui dire le bienfait qu'ont sur moi ses actions positives, pour lui permettre d'entendre le plaisir qu'il me procure, ce qu'il m'apporte et ce que je vis dans ces moments.

Ex.: • J'apprécie que tu fasses ton déjeuner. Cela me donne du temps le matin.
  • J'aime ça quand tu fais ton lit. Ça me réjouit de voir toute la maison en ordre quand je pars pour le travail.
  • Ça me soulage que tu puisses t'habiller seul. Je suis fier de toi et je n'ai plus à m'occuper de cela.
  • Je me sens si fier de te voir faire tes travaux scolaires. Cela me rassure que tu t'occupes toi-même de tes devoirs et de tes leçons.
  • J'aime cela quand tu me dis un beau bonjour en arrivant à la maison. Cela me fait du bien et me rend de bonne humeur.
  • Tu remplis bien ta tâche de sortir les ordures ménagères. Merci. Je me sens libéré de cette corvée et appuyé par toi dans l'accomplissement des tâches familiales.
  • J'aime quand tu me fais un beau sourire. Cela me nourrit comme un beau rayon de soleil.
  • J'aime quand tu m'aides. Cela me rend un grand service.
  • Juste de te voir, ça me rend heureux, merci d'être là.

L'ACCUEIL

L'impact de l'accueil

Avez-vous déjà remarqué que lorsqu'on arrive dans un endroit et qu'on est bien reçu, on commence bien la journée ou l'activité? L'accueil est la première approche qui permet de créer un lien avec l'autre et une grande ouverture. Il nous propulse dans une énergie de bien-être et nous donne le goût de partager cet état dans notre environnement. C'est un des grands effets bénéfiques que génère l'accueil. D'où l'importance d'être conscient du pouvoir et de l'impact qu'a le genre d'accueil qu'on fait à un individu.

Un mauvais accueil peut faire en sorte que l'autre se sente rejeté, abandonné, non important, sans valeur.

Un bon accueil fait en sorte que l'autre se sente en sécurité et le met en confiance. *Il se sent apprécié.* Cela stimule chez lui de l'enthousiasme; il a le goût de partager ce bien-être.

Comment accueillir

Idéalement, un bon accueil devrait comprendre certains des éléments suivants, adaptés à chaque individu et au moment approprié.

- Il est primordial d'arrêter nos activités afin de consacrer toute notre attention à l'individu que l'on accueille.
- Il est important de prendre le temps nécessaire pour cet accueil, afin que l'autre puisse bénéficier et ressentir toute l'importance qu'on lui accorde.
- Le regard est un des éléments les plus importants. Il ne faut pas oublier de s'ouvrir à l'autre par l'intermédiaire de ce regard complice.

Ex.: • Je me place devant lui pour qu'il voie par mon regard que je suis vraiment attentionné (attentif) à lui, à sa présence.
- Certains individus ont besoin d'un contact chaleureux et le recherchent, et s'abandonnent à l'autre quand ils reçoivent un toucher accueillant.

- Il est aussi très réconfortant d'entendre des paroles chaleureuses et accueillantes qui nous permettent de créer ce lien si important dans une bonne relation.

Quel meilleur moyen existe-t-il que l'accueil pour créer ou maintenir le lien entre deux individus ou pour refaire ce lien!

Ex.:
- Bonjour, ça me fait plaisir de te voir!
- Je suis tellement content de te voir.
- J'aime quand tu arrives...
- Sans toi, il y a comme un vide dans la maison.
- Ta présence me fait du bien.
- Si tu n'étais pas là, il me manquerait quelque chose dans ma journée.

Ceci suscite l'intérêt à démarrer et à continuer un échange profond et authentique.

Le fait d'être accueilli avec égard instaure chez celui qui le reçoit un climat de bien-être et de joie où il se sent reconnu et accepté. Cette énergie qui est reçue est contagieuse.

Il est évident que personne ne ressentira de plaisir ou de satisfaction à être accueilli sans égard.

Il est primordial, si nous voulons maintenir ou améliorer la relation avec notre enfant, de l'accueillir pour ce qu'il est. Un accueil devrait permettre à l'autre de sentir que l'on va chercher le meilleur de lui-même. Je salue le meilleur de son être pour qu'il puisse prendre conscience de cette grande valeur qu'il possède.

Quand on est bien reçu, accueilli, cela éveille toute la dimension importante de notre être. Tout ce que nous sommes pour l'autre est mis en valeur. *Cela nous amène à prendre conscience de notre propre valeur.* Nous nous sentons bien. Nous nous élevons.

Les moments propices à un bon accueil

Le meilleur moment où je devrais bien accueillir mon enfant pour qu'il parte du bon pied et commence sa journée agréablement est, bien entendu, au moment du réveil.

Au lieu de réveiller l'enfant précipitamment en lui commandant de se réveiller rapidement, je l'aborde avec douceur et compassion sans le brusquer ou le sermonner afin qu'il se nourrisse d'un bon accueil dès son départ pour sa journée. Ceci contribuera à me nourrir moi aussi (cela me fera du bien).

Au lieu de:
- As-tu vu l'heure?
- Dépêche-toi!
- Veux-tu aller plus vite!
- Il était temps que tu te lèves.

Je devrais prendre plutôt le temps de bien le recevoir avec un sourire bienveillant et des paroles réconfortantes et stimulantes, ce qui aura pour effet de susciter chez lui la bonne humeur et l'énergie pour bien partir sa journée. Et peut-être même de se lever plus tôt à l'avenir parce qu'il a hâte de recevoir cet accueil si chaleureux de ma part.

Ex.: • Je sais que c'est difficile pour toi de te lever, prends ton temps, je reviens dans quelques minutes.
- Cela me fait plaisir de te voir.
- Tiens, mon soleil qui se lève.

D'autres moments où j'ai intérêt à l'accueillir avec toute l'importance qu'il a est le retour à la maison.

Ex.: • Je suis content de te voir.
- Wow! C'est toi!
- Tu as l'air de bonne humeur.

Au lieu de:
- Déjà, tu ne devais pas arriver à cinq heures?
- Range tes vêtements comme il faut et va faire le ménage de ta chambre.
- Comment ça a été à l'école?
  As-tu bien travaillé?
  bien réussi? bien écouté?
  T'es-tu encore chicané?

REFAIRE LE LIEN

Redémontrer l'importance

L'enfant avec lequel nous ne ferons pas attention pour maintenir ce lien se sentira automatiquement mis à l'écart. Il vivra du rejet, de l'abandon. Il croira qu'il n'est pas important. Il pourra même ressentir qu'il ne fait plus partie de cette famille. Il se percevra comme un objet plutôt qu'un membre de la famille. Il aura l'impression qu'il pourrait partir et que ses parents ne vivraient aucun manque. Combien d'enfants disent: «Je m'en vais, de toute façon, je suis de trop, je ne vous dérangerai plus, vous allez être en paix maintenant.» Si le lien existe encore à ce moment-là, il sera certainement fragile. Cet enfant ne voit plus l'importance qu'il a à mes yeux et, souvent, *je ne vois plus l'importance qu'il a à mes yeux*. Nous nous sommes vraiment éloignés.

Quand le lien est tendu entre nous et notre enfant, et que nous nous rendons compte que nous n'arrivons plus à communiquer, il est grandement temps de prendre conscience de l'importance de refaire le lien si l'on veut se rapprocher et qu'il y ait une communication authentique et respectueuse entre nous deux.

Il est important, lorsque je m'adresse à celui avec qui le lien est fragile, que mes premières paroles soient des paroles d'inclusion, des paroles qui font en sorte qu'il ressente l'importance qu'il a pour moi, l'importance de notre relation.

C'est ça, refaire le lien, permettre à l'enfant qui se sent éloigné, rejeté, de ressentir qu'il a une place *juste à lui* et que je suis intéressé à ce qu'il reprenne sa place dans notre relation. Je fais en sorte qu'il ressente l'importance qu'il a pour moi.

> **C'EST ÇA, REFAIRE LE LIEN,**
> **JE FAIS EN SORTE QU'IL RESSENTE**
> **L'IMPORTANCE QU'IL A POUR MOI.**

Ex.: Olivier, 12 ans, menace de déménager. Il dit à son père: «Tu es toujours sur mon dos, je ne peux rien faire à mon goût.» Son père prend ses menaces à la légère et lui dit avec arrogance: «Pars si tu veux. Tu verras bien si tu peux te débrouiller seul.»

L'enfant reçoit une confirmation qu'il n'est pas important pour ses parents et il ne se sent pas inclus au sein de sa famille. *Par de telles paroles, il ne ressent pas que l'on tient à lui.*

Pour refaire le lien, le père aurait dû exprimer l'importance que son enfant a pour lui.

Ex.: • Cela me ferait de la peine si tu déménageais.
• Ce serait difficile pour moi de vivre sans toi.
• Je serais très inquiet de ne pas savoir où tu es.

Réflexion

 Une autre attitude, très dévastatrice pour l'enfant, est de le menacer de le placer dans un centre d'accueil s'il n'écoute pas ou n'obéit pas à nos demandes.

Il est très important de maintenir des liens dans nos relations et de les entretenir pour que l'autre ressente constamment ce sentiment d'appartenance réconfortant.

TROISIÈME MOYEN

LÂCHER PRISE

Lâcher prise, c'est renoncer à des pensées, à des valeurs, à des croyances, à des modes de vie dans lesquels je ne me retrouve pas, pour lesquels je ne sens pas en moi un mouvement vers le meilleur.

Lâcher prise pour:

- vivre pleinement la «dilatation»;
- être bien avec ceux que j'aime;
- me dégager de fausses responsabilités;
- m'aimer et aimer les autres;
- grandir en harmonie dans mon environnement;
- véhiculer des valeurs qui s'appliquent ici et maintenant;
- avoir des attitudes positives dont bénéficie tout mon entourage;
- faire revenir à la surface mes sentiments profonds afin de les appliquer.

> **JE LÂCHE PRISE À TOUT
> CE QUI N'EST PAS DANS MON INTÉRÊT.**

- À tout ce qui crée la dysharmonie dans mon environnement;

- À toutes les valeurs véhiculées de génération en génération et qui ne s'appliquent plus maintenant;
- À toutes ces croyances inutiles qui me forcent à agir contre mes sentiments profonds;
- À toutes les attitudes négatives (réactions) qui me font du tort à moi et à mon entourage (ma famille, mes enfants).

Ex.: • Répéter toujours les mêmes consignes;
- Crier;
- Faire la morale;
- Humilier;
- Ordonner;
- L'envoyer dans sa chambre;
- Punir;
- Menacer;
- Etc.

COMMENT LÂCHER PRISE

Les clés pour lâcher prise

Lâcher prise, c'est dédramatiser, c'est passer de ce qui éloigne à ce qui rapproche.

Pour nous aider à lâcher prise, il y a des clés qui vont nous permettre de nous dégager de ces attitudes qui sont devenues des automatismes.

Ces clés sont: le recul, l'acceptation, être témoin et découvrir une autre solution. Ce sont de petits trucs qui facilitent le lâcher-prise de ce qui nous dérange, de ce qui nous affecte. Ces clés nous permettent d'atteindre un bien-être plus rapidement; passer de ce qui nous éloigne à ce qui nous rapproche, passer de ce qui nous sépare à ce qui nous unit.

L'être humain, bien dans sa peau, est celui qui se plaît dans ses relations. Il aime échanger et apporter quelque chose à ses proches. C'est un être de relation. Cependant, quand il réagit à une situation, souvent inconsciemment, il aura tendance, pour se protéger, à:

- s'éloigner de l'individu qui provoque en lui cette réaction;
- accuser ou tenter de démolir ce même individu.

De l'emploi du «je» (relationnel, rapprochement) face à une difficulté ou un conflit, il passe au «tu» (réactionnel, éloignement) qui aura évidemment comme conséquence de l'éloigner de l'individu en question.

Souvent, les personnes qui nous font réagir sont celles que l'on aime le plus au monde, celles de qui nous ne voulons pas être éloignés.

Réflexe de protection

Cette réaction est un réflexe de protection que nous subissons inconsciemment et que nous maintenons par ignorance; nous ne connaissons pas d'autres façons d'agir.

Un peu plus loin dans cet ouvrage, il vous sera démontré plusieurs façons d'agir pour ne pas être obligé de «ré-agir» et d'être en mesure de passer du réactionnel qui ne fait qu'éloigner les individus et détériorer la relation, au relationnel qui rapproche. Ce mode relationnel fait en sorte que nous puissions passer nos messages d'amour, de reconnaissance et d'appréciation à l'autre.

Si l'enfant a souvent été éduqué avec ce mode réactionnel depuis sa naissance, ce n'est évidemment pas en 24 heures qu'il va se réadapter à mon nouveau comportement.

Parfois aussi, j'applique une nouvelle méthode et l'enfant semble ne pas y répondre. *Je dois persévérer.* Plus il est vieux, plus le risque est grand qu'il y ait beaucoup de frustrations accumulées depuis son enfance. *Cette nouvelle approche lui fait du bien même si parfois, au début, il ne veut pas la recevoir.*

Quand un comportement me dérange, je me dois de ne pas me laisser emporter par des attitudes réactionnelles. Je dois plutôt m'arrêter et observer si le comportement qui me dérange est vraiment dangereux ou nuisible. Je dois observer aussi si l'intention de celui qui le fait est de mal faire, ou encore s'il est inconscient de son action. Et je dois regarder l'être que j'aime en lui, et non pas son comportement. De là, par le relationnel (action positive), il me sera plus facile d'intervenir et mon enfant sera plus réceptif à l'enseignement ou à la valeur que je veux lui transmettre.

> **PAR LE RELATIONNEL,
> J'ARRIVE À TOUCHER SON CŒUR
> ET À CHANGER SON COMPORTEMENT.**
>
> **PAR LE RÉACTIONNEL,
> JE L'ÉLOIGNE DE MOI
> ET JE M'EN FAIS UN ADVERSAIRE.**

Prendre un moment de recul pour passer de ce qui sépare à ce qui unit

Si vous avez l'habitude de réagir, de vous emporter, de vous mettre en colère, d'accuser, de crier, de donner des ordres, ou si vous êtes dépourvu lorsque votre enfant a un comportement qui vous déplaît, nous vous proposons un temps d'arrêt. Respirez, pensez à vos exercices prénatals. Allez dans une autre pièce de la maison avant de vous emporter. Attendez quelques secondes ou plus et demandez-vous aussi si les gestes que vous voulez faire ou les paroles que vous allez dire sont respectueux et efficaces, et que le but que vous poursuivez pour élever votre enfant en ce moment sera atteint. Souvent, vous trouverez ce «moment magique». Il vous permettra de sortir de votre mode réactionnel pour entrer dans un mode relationnel, c'est-à-dire d'avoir en tête que vous êtes un parent-guide et un parent-complice. Et en tant que parent-guide et complice, vous pourrez trouver une façon d'agir plus respectueuse et adaptée au type d'enfant qu'est le vôtre et, ainsi, régler vraiment le problème.

Soyez toujours conscient que l'enfant est dans un mode d'apprentissage. Il ne sait pas. Sans explication «vraie», il n'apprendra pas vraiment. Nous devons expliquer le plus en détail possible, tout en tenant compte de sa perception, pour qu'il comprenne.

Pensez à un autre moyen pour intervenir. Notre intuition nous suggère souvent d'attendre un moment plus propice pour intervenir, ou encore de mettre en application une méthode relationnelle plus efficace et respectueuse de l'enfant.

Chaque situation est incomparable. Soyez simple, ne vous reportez qu'à l'événement actuel, qu'au type d'enfant et de relation que vous avez. Votre enfant et vous êtes uniques. Chaque situation aussi est unique. Faites confiance à votre bon sens.

Ce recul nous donne la capacité de voir des solutions de rechange réalistes adaptées à la situation ici et maintenant. Vous serez automatiquement plus calme, doux, respectueux. Vous sentirez que votre paix intérieure augmente.

Ceci vous permettra ainsi de lâcher prise et de mettre l'importance à sa place, c'est-à-dire de vous faire comme réflexion intérieure: «Mon enfant, en tant qu'être humain, est-il plus important que mes attentes, que mon idéal que je projette sur lui? Puis-je mettre de côté ces attentes et lui permettre d'évoluer (ces attentes pouvant me rendre tendu, moins patient, moins tolérant ou même arrogant)? Puis-je lâcher prise et me concentrer sur ce qui est beau en lui, le considérer comme unique, incomparable?» Pensez à un moyen plus respectueux pour l'élever dans le domaine où vous êtes vous-même dérangé (voir dans ce chapître, «L'escalier de l'apprenti-"sage"», page 78).

L'ACCEPTATION:
POUR ME DÉGAGER
DES SENTIMENTS QUI M'AFFECTENT

Nous sommes souvent enlisés dans des réactions rigides, dénuées de souplesse et inadaptées. Ou bien, de l'approche dictatrice, nous passons à l'approche trop permissive, et vice versa. Confondus, nous ne savons plus comment agir.

La partie en nous qui réagit habituellement à une situation conflictuelle est celle qui a souffert et qui souffre encore d'un mal vécu. Cette partie réagit à un événement extérieur passé, semblable à ce que je vis présentement. Elle réveille donc le même genre de perceptions ou d'émotions que j'ai déjà vécues par rapport à cet événement.

La situation que je vis en ce moment est colorée et amplifiée par le sentiment négatif que j'ai vécu antérieurement.

Aussi, le corps garde en mémoire toutes ces réactions ou émotions négatives ou positives reliées à un choc, à un traumatisme, à un conflit, à une joie. Il est réveillé.

Si, dans une situation, je me mets en colère et à crier, et que je me rends compte alors du tort que je fais à mon enfant pour une banalité, il y a de fortes chances que je me sente mal et que je vive de la culpabilité ou de la peine face à mon attitude. «Je m'en veux.»

Si cette culpabilité reste en moi toute la journée, cette dernière sera nuisible pour moi et cela n'arrangera rien pour nous deux.

Alors, j'accepte de m'être emporté (accepter ne veut pas dire approuver, mais se rapproche plus de pardonner) et je me questionne sur l'événement: Quel sentiment a fait que je me suis emporté? Puis, je cherche comment je pourrais agir autrement pour garder l'harmonie face à notre relation et appliquer cette nouvelle attitude.

Ex.: Le matin, Alexandre est très lent: lent pour se lever, pour s'habiller, pour déjeuner. Un matin comme les autres, Alexandre se lève de peine et de misère, déjeune, s'habille et part pour l'école. Distrait, il oublie son sac d'école. Sa mère s'en aperçoit avant qu'il soit trop loin. Elle le rappelle d'un ton sévère et lui crie: «Un jour, tu vas oublier ta tête, espèce d'étourdi!» La mère est en furie, elle doit penser à tout. Le petit est frustré et triste de ce que sa mère pense de lui.

Si sa mère ne veut pas rester choquée toute la journée parce que son fils est lent tous les matins, elle doit accepter cette situation. Elle se dit: «O.K., j'accepte de vivre toute ma colère. J'ai le droit d'être en colère, mais je n'ai aucune raison de le rester. Quelle émotion m'a mise en colère?» Elle pense que c'est à cause de l'attitude lente de son fils. En réalité, c'est son sentiment d'être responsable de tout. «Je suis fatiguée d'être responsable de tout le monde. Depuis que j'ai six ans, j'ai toujours été responsable de mes frères et sœurs et, aujourd'hui, c'est avec mon mari et mes enfants que ça se poursuit.» *Voilà la vraie source de sa colère.*

Comment pourrais-je agir autrement pour garder l'harmonie dans ma relation? Je trouve des solutions:

- Discuter des responsabilités de chacun, réajuster l'horaire du matin.
- Trouver des moyens stimulants pour lui. Ex.: Tu peux regarder la télé quand tu es complètement prêt.
- Accepter qu'il soit lent le matin et être plus tolérante.
- Lui parler de mon enfance.
- Lui demander quelles sont ses solutions.
- Etc.

ÊTRE TÉMOIN: POURQUOI JE N'ARRIVE PAS À LÂCHER PRISE

Être témoin, c'est constater sans jugement, sans émotions.

La meilleure façon de transformer un problème sera de m'observer, de me regarder, comme j'observe les autres. D'être témoin, d'avoir une vision objective, d'avoir la capacité de me remettre en question, de me réévaluer dans certaines circonstances.

Plusieurs facteurs m'empêchent de lâcher prise: mon enfance, mes fausses croyances, mes valeurs, mon orgueil, mon ignorance, ma rigidité, etc.

Mon enfance et mon mode d'éducation

C'est une grande joie pour un enfant que d'être élevé par un parent heureux et comblé. Celui-ci étant nourri sur le plan de ses besoins, il peut nourrir son enfant adéquatement.

Au contraire, si le parent n'a pas été comblé sur le plan de ses besoins vitaux, il aura de la difficulté à nourrir son enfant. Il m'est difficile de donner ce que je n'ai pas eu. Et, de plus, je porte en moi des blessures issues de mon enfance, qui sont toujours là, présentes, et qui m'affectent continuellement.

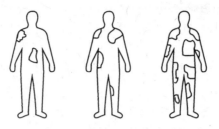

Je les porte en moi.

Mes blessures (manques d'amour)

- Les violences de toutes formes que j'ai reçues.
- Les violences que j'ai déversées à l'intérieur de moi.
- Les violences que j'ai déversées sur les autres.

Ces blessures inscrites en moi sont constamment réveillées par les comportements de mes enfants. Donc, ces comportements m'agressent, j'ai de la difficulté à les supporter. C'est pourquoi je ne peux lâcher prise face à certains comportements de mon enfant parce que ces actions font *retentir* en moi ces blessures qui ne sont pas encore guéries. Je tiens mon enfant responsable de cette souffrance qui s'éveille en moi... Le lâcher-prise m'est encore plus difficile.

Mes peurs

J'ai peur pour moi de ne pas réussir mon rôle de parent selon un idéal véhiculé par la société ou un idéal que je me suis créé. Je ne fais donc aucun compromis. Je dois l'éduquer même au prix de notre relation ou de son estime personnelle.

J'ai peur pour mon enfant qu'il n'ait pas tout ce qu'il lui faut pour être heureux plus tard, selon ma perception actuelle du bonheur.

Ex.: • Il ne vide pas le lave-vaisselle et j'ai peur qu'il soit irresponsable plus tard.

Je veux pour lui et je m'attends à ce que mon enfant soit selon ce que j'aurais aimé être ou selon un rêve que j'ai pour lui.

Ex.: • J'aurais aimé jouer dans la Ligue nationale de hockey.
• J'aurais aimé être musicien.

Je ne prends pas de risques et je ne peux laisser mon enfant prendre des risques parce que j'ai:

• peur de tout (peurs réelles ou exagérées);
•des peurs précises:

Ex.: • peur de l'eau.
• peur que mon enfant voie de la violence à la télé.

Mon orgueil

L'orgueil nous enlève cette souplesse d'adaptation et d'ouverture face aux comportements de l'enfant. Il nous rend l'esprit étroit.

Pour maintenir notre image vis-à-vis des autres (parce que nous nous laissons souvent définir par les autres), d'un parent qui éduque bien son enfant, nous allons le brimer en lui imposant des contraintes au-delà de sa compréhension et de sa perception.

Ex.: Je brime un de mes enfants pour ne pas perdre la face devant ma belle-famille.

Mes fausses croyances

La société, nos parents et même plusieurs générations avant nous nous ont transmis tout un bagage de croyances et de valeurs sur lesquelles nous basons nos interventions. Nous traînons continuellement avec nous ces valises de fausses croyances et de valeurs. De par nos expériences personnelles et nos peurs, nous nous en sommes aussi appropriés d'autres. Certaines ont été allégées et d'autres, renforcées.

Ce que je crois, c'est personnel à moi, c'est ma façon à moi de percevoir les choses.

Ex.: • Un enfant n'a pas de valeur.
• Mon enfant est le prolongement de moi-même.
• Un enfant est ignorant, il a tout à apprendre.

- L'enfant va s'enorgueillir si je le complimente, l'admire.
- Je dois laisser l'enfant faire ce qu'il veut pour ne pas le brimer.
- Le meilleur moyen de changer un comportement chez l'enfant est de lui faire peur.
- Il faut qu'il mange tous ses légumes, sinon il sera en mauvaise santé.
- Mon enfant doit se développer avec succès dans tous les domaines, sinon il ne sera pas heureux.
- Si le domaine dans lequel il choisit son métier ou sa profession risque de ne pas être payant, sa carrière sera un échec.
- Si je comble les besoins de mon enfant, il va être gâté.
- Il me remerciera plus tard... même si cela lui met de la pression actuellement ou ne coïncide pas avec ses aspirations.

Mes valeurs

Les valeurs sont sociales. On ne les questionne pas. Si elles sont trop rigides ou inadaptées, elles nous bloquent dans l'écoute des besoins des enfants. Alors, si je vois mes valeurs comme immuables, je risque même de «casser mon enfant» pour adopter cette valeur, pour qu'il entre dans le moule que je lui ai construit.

Voici quelques exemples de valeurs rigides.

- Être juste, donner la même chose à chaque enfant. Souvent, j'en frustre un et je comble l'autre.

Ex.: Émilie, neuf ans, veut des patins à roues et son frère de huit ans, Gabriel, veut une cassette. Pour équilibrer la valeur de cet achat, le parent achète deux cassettes à Gabriel. Émilie est frustrée parce que son frère a deux cadeaux... et ça recommence.

- La propreté dans ma maison est plus importante que mon enfant.

Ex.: S'il n'a pas tout rangé, je m'emporte.
J'aime que ma maison soit impeccable en tout temps.

Aussi, j'ai des exigences trop fortes qui ne peuvent tenir compte de la perception d'un enfant.

- Tous doivent être à table à la même heure, à chaque repas.

Ex.: Chez les Beaudoin, c'est une tradition: toute la famille doit être à table à 17 h 30 pour le souper. À cause de la différence d'âge des enfants, de leurs intérêts et de leurs occupations, ils vivent continuellement des conflits. Les parents tiennent leur bout malgré les problèmes que cela occasionne.

- L'autre est plus important que moi. Je me brime pour l'autre.

Ex.: D'abord le mari, puis les enfants. S'il en reste, ce sera pour moi, mais il n'en reste jamais.

- Un enfant doit partager. Même s'il n'est pas arrivé à ce stade (voir Septième moyen, «Les étapes de l'évolution relationnelle de l'humain», page 179).

Comment reconnaître que ces valeurs sont bien les miennes et non celles de générations précédentes? En me posant la question: «Est-ce que cette valeur m'épanouit?» Lorsque je tiens compte de cette valeur dans mon expérience de vie, est-ce que je me sens bien?

Si oui, c'est bon pour moi, ici et maintenant, avec ce que je suis, ce qu'est l'autre, ce que mon cœur m'inspire. C'est la joie de faire ce que j'ai à faire sans les limites des valeurs qui ne sont pas les miennes.

Si une valeur est une source de tension, je ne m'épanouis pas. Je me sens tendu (en contraction) et, dans ma relation avec l'autre, elle m'apporte disputes, conflits et éloignement.

Je me fais du mal. Je m'impose des restrictions par rapport à mes valeurs parce qu'elles s'imposent dans tous les aspects et toutes les situations de ma vie. Elles sont alors inappropriées.

Quel intérêt ai-je à me faire du mal? Je n'ai pas à traîner des valises de valeurs au cas où mon enfant fumerait, se droguerait ou deviendrait ceci ou cela. Je ne suis pas bien avec elles... J'ai des soucis quand je vis ces valeurs. Comment puis-je trouver des réponses et des solutions appropriées quand je suis aussi tendu et limité?

J'ai en moi la capacité de régler mes problèmes. Je crée l'ouverture. Je m'enlève du poids. Alors, je peux réévaluer mes valeurs pour m'enlever de la pression.

DÉCOUVRIR UNE AUTRE SOLUTION

Il vous sera impossible de lâcher prise si vous n'avez pas d'autres solutions à appliquer pour remplacer la valeur ou l'attitude que vous voulez changer.

Ex.: Si je ne veux plus crier après mon enfant et que je ne connais pas d'autres façons pour m'exprimer, il me sera impossible de changer ou de lâcher prise, puisque je dois me faire entendre. Donc, il est important et même indispensable de:

1. identifier le plus clairement possible l'action que je ne veux plus refaire (crier, menacer, etc.) ou la valeur qui me fait vivre des conflits (on ne doit jamais revenir sur une décision, il faut laisser pleurer l'enfant jusqu'à ce qu'il s'endorme, ce n'est pas bon de donner de l'argent à un enfant, etc.);

2. trouver une solution à cette situation, soit en cherchant en moi-même une idée, ou en faisant participer l'enfant, ou encore en prenant comme référence une personne qui, dans ce domaine, n'a pas de problème afin de voir comment elle s'y prend ou s'y est prise pour régler une situation similaire;

3. être vigilant pour appliquer la nouvelle solution et être tolérant envers moi-même pour les fois où je n'y arrive pas ou que j'oublie. Certains changements sont plus difficiles que d'autres;

4. faire un retour sur la façon dont on a réalisé le changement, évaluer les gains et les points positifs de la démarche. Cela me stimulera par rapport à d'autres difficultés.

LE LÂCHER-PRISE DE MES ATTENTES

Les attentes envers mon enfant

Les attentes que l'on a envers nos enfants sont en fonction d'un idéal par rapport à: 1. ce que l'on aimerait qu'il soit; 2. un champ d'activité ou d'intérêt que l'on aimerait qu'il développe; 3. un comportement que l'on aimerait qu'il acquière.

Cet idéal ou cette attente est toujours en fonction de moi ou de mes aspirations. Il n'est jamais en fonction de ce qu'est l'enfant, son potentiel, ses qualités, ses goûts. Je suis dans l'attente de mon idéal, de l'événement attendu.

Quand j'ai une attente, je ne suis jamais dans le «ici et maintenant» parce que j'attends. Dans cette attente, je me mets de la pression et du stress: «Pourquoi n'est-il pas ceci ou cela?» Et je mets de la pression sur l'enfant.

L'énergie et les émotions que je mets dans mon attente vont se libérer de deux façons.

- Si mon enfant rencontre mon attente: l'énergie sort sous forme de *satisfaction*, donc *je suis comblé et fier*.

Ex.: Il écoute tout de suite mes consignes.

- Si mon enfant ne comble pas mon attente: l'énergie sort sous forme *d'insatisfaction*, donc *je suis déçu et je vis de la rancune*.

Ex.: Je veux qu'il fasse lui-même son lit chaque matin.

Attente veut dire pression sur moi et sur mon enfant, ce qui provoque un éloignement entre nous deux.

Attente veut dire déception: dans 90 % des cas, l'attente n'est pas rencontrée. Donc, elle est source de désappointement et de souffrance.

La souffrance, c'est l'écart entre mon attente et ce que réalise mon enfant actuellement. Plus l'écart sera grand, plus grande sera la souffrance. Je vivrai de la déception, de la désillusion, de la colère, etc.

Les répercussions de cette pression

Ex.: J'aimerais que mon enfant fasse plus rapidement ses devoirs et ses leçons. Je le force en lui mettant de la pression, en le dénigrant, en l'abaissant et en le menaçant pour qu'il accélère son rythme.

Cette façon d'agir, en plus d'être irrespectueuse, est inefficace. Je n'atteindrai pas mon but en le forçant. Il continuera à les faire lentement parce que je n'ai pas travaillé sur la cause, c'est-à-dire la raison de sa lenteur à les effectuer. Je ne lui ai pas montré ma complicité en l'aidant soit à se situer dans le temps, soit en le stimulant pour développer chez lui un rythme plus rapide.

En le forçant, en mettant de la pression, je vais le dégoûter. Prenons l'exemple d'un escalier. Au lieu de lui faire monter des marches pour l'élever par rapport à sa lenteur à faire ses travaux scolaires, *je vais les lui faire descendre* et susciter chez lui le dégoût pour ces travaux. Il associera études avec «mal-être». Mon but est pourtant de l'élever, de ne plus vivre cette difficulté avec lui.

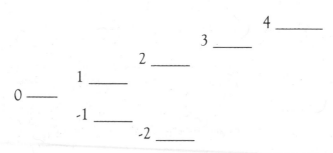

Escalier pour s'élever

L'escalier de l'apprenti-«sage»

Ex.: • Je m'attends à ce que mon enfant remette les choses en ordre au fur et à mesure.
• J'aimerais que mon enfant prenne la responsabilité de ses devoirs et de ses leçons sans que j'aie à intervenir.
• Je veux que mon enfant soit respectueux envers moi, qu'il ne m'adresse jamais des paroles blessantes.

Quand c'est concret (ex.: Je veux que mon enfant mette son manteau parce qu'il fait trop froid et qu'il peut tomber malade), je reste ferme sur ma position. Je peux garder cette attente (à cause d'une nuisance ou d'un danger).

Cette attente n'en est pas une mais plutôt une action dans ma responsabilité de parent qui consiste à veiller au bien-être de mon enfant.

Quand c'est face à une valeur (abstrait) (ex.: Je veux que mon fils ait les cheveux courts), je réévalue mes attentes (le réalisme de ces attentes. Je veux cela ici, tout de suite). J'adapte selon ce qu'est mon enfant, sa perception, où il en est actuellement.

Lâcher prise à quoi?

Lorsqu'un comportement me dérange chez mon enfant:

> ### JE LÂCHE PRISE
> ### À TOUT CE QUI N'EST PAS DANS MON INTÉRÊT.

- Je me sens mal.
- Mon enfant se sent mal.
- Nous nous éloignons.

A. Je prends conscience de mon but, de mes attitudes. Je me demande:

1. Quel est le but de mon intervention?
- Est-ce que je veux l'éduquer?
- Est-ce que je veux lui transmettre une valeur?

2. Si mon but est de l'élever: est-ce que mon intervention n'est pas plutôt une réaction? Est-ce qu'elle m'amène réellement à ce but?

B. Je décroche de mes attentes actuelles. Je décroche de mon attente, de ma déception, de ma colère, et je fais des actions pour lui faire acquérir un nouveau comportement, une valeur, etc., selon ce qu'est mon enfant en ce moment et où il se trouve actuellement dans son évolution, par rapport à ce qui me dérange chez lui.

L'escalier de l'apprenti-«sage»

J'élève mon enfant.

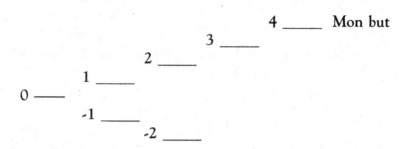

Je le fais monter: acquérir, intégrer graduellement en fonction de ce qu'est mon enfant. Je constate où il en est, à quelle marche il se situe dans l'escalier de l'apprenti-«sage» par rapport à ce que je veux qu'il intègre (ex.: propreté, politesse, habileté, respect, etc.).

Je constate où il en est

Où en est-il actuellement? À l'étape -1? -2? 0? 1? 2? ou 3?

Étape -2: Il ne le fait pas par dégoût ou par frustration.

Étape -1: Il ne le fait pas par manque d'intérêt ou par sentiment d'obligation.

Étape 0: Il n'a rien acquis; il ne le voit pas et ne le fait pas.

Étape 1: Il en est conscient, mais il ne le fait pas.

Étape 2: Il le fait par périodes, et partiellement.

Étape 3: Il le fait par périodes, et complètement.

Étape 4: Il le fait de lui-même, mon but est atteint.

Ex.: Il ne mange pas seul.

Étape -2: Il refuse de manger, il en est malade.

Étape -1: Il ne veut pas manger seul parce qu'il se sent forcé ou n'aime pas le type d'aliment que je lui impose.

Étape 0: Je le fais manger.

Étape 1: Je lui ai montré, mais il ne fait pas d'effort en ce sens.

Étape 2: Il mange parfois seul en étendant ses aliments partout, et parfois il crie pour que je lui donne à manger.

Étape 3: Il mange seul en grande partie, en faisant parfois un peu de dégât.

Étape 4: Mon but est atteint: il mange seul et bien.

Ex.: Il laisse traîner ses vêtements et ses jouets.

Étape -2: Il refuse de ranger par dégoût du rangement ou parce qu'il est frustré par rapport à une accumulation de déceptions.

Étape -1: Il ne veut pas ranger, il n'en voit pas l'intérêt, l'importance ou par obligation, sans explication véritable.

Étape 0: Il n'a aucune notion de l'ordre. Il ne range ni ses vêtements ni ses jouets.

Étape 1: Il sait qu'il doit ranger, mais il ne fait pas l'effort.

Étape 2: Il range parfois, et par périodes, certains morceaux, mais il néglige le reste.

Étape 3: Il range de plus en plus et oublie ou néglige de temps en temps.

Étape 4: Mon but est atteint: il range seul au fur et à mesure.

Ex.: Il se couche trop tard (adolescent).

Étape -2: Il refuse par vengeance, pour démontrer ou pour atteindre l'autre.

Étape -1: Il ne veut pas se coucher à une heure raisonnable par manque d'intérêt (n'en voit pas l'importance ou par rapport à l'obligation).

Étape 0: Il n'a pas d'heure pour se coucher.

Étape 1: Il sait que c'est nuisible pour son bien-être (sa croissance, ses études), mais il est insouciant.

Étape 2: Il se couche parfois à une heure raisonnable.

Étape 3: Il se couche de plus en plus à une heure raisonnable et exagère encore de temps en temps.

Étape 4: Mon but est atteint: il est conscient et se préoccupe de son bien-être en se couchant à une heure raisonnable.

Je décroche de mes attentes: il n'est pas à l'étape 4

Quand je constate que mon enfant n'est pas à l'étape 4, d'abord j'accepte ce fait. Ensuite, je me dois de réévaluer mes attentes envers lui et cesser de mettre de la pression inutile sur mon enfant, en prétextant qu'il devrait savoir ou être capable de le faire selon son âge.

C'est comme si vous suiviez un cours pour adultes et que le professeur vous dirait: «Comment? À ton âge, tu n'es pas capable de diviser les fractions!» Comme si c'était un facteur d'âge que de savoir quelque chose. Il n'y a pas d'âge à l'apprentissage.

Voici les raisons qui peuvent expliquer qu'il n'est pas à l'étape 4.

- Soit qu'il n'a pas été initié.
- Soit qu'il n'a pas eu de modèle.
- Soit qu'il n'a pas été soutenu (encadré dans ses apprentissages) avec patience et considération.
- Soit qu'il n'a pas été soutenu avec fermeté.
- Soit que j'ai été trop exigeant, que j'ai trop mis de pression, ou je l'ai trop forcé, sans tenir compte de sa différence, de ses goûts et de ses limites.
- Soit qu'il n'a pas cette habileté naturelle dans ce domaine.
- Soit qu'un de ses besoins est trop grand ou n'a pas suffisamment été comblé.

> # MAINTENANT QUE JE VOIS OÙ IL EN EST: QUELLES INTERVENTIONS L'AIDERAIENT À ACQUÉRIR... À DÉVELOPPER... OU À ÉVOLUER DANS CE DOMAINE?

J'applique en gardant à l'esprit (ceci est très important):

> # QU'IL Y A UN TEMPS D'INTÉGRATION MINIMUM.

1. Qu'il y a un temps d'intégration minimum. On ne saute pas d'étapes. À chaque demande, il faut décrocher de son attente (soit l'étape 4) et l'aider à grimper une marche à la fois.

2. Qu'on doit être persévérant et ferme. Il n'y a que la répétition qui amène l'intégration. Ne lui montrez pas une ou deux fois et attendre tout de suite un changement. N'oubliez pas que la répétition est la «mère» de l'apprenti-«sage».

3. Qu'il faut privilégier les petites réussites, ne pas trop en demander.

4. Que l'enfant a besoin de soutien, qu'il a besoin qu'on le lui rappelle (sur un ton d'acceptation, de patience et de tolérance).

5. Que lorsqu'on fait une demande, on doit écouter véritablement ce que l'autre a à nous dire.

Exemples de l'escalier de l'apprenti-«sage»

• **Exercice de la mère de Nadia**, cinq ans: Nadia ne s'habille pas seule le matin.

Elle est à l'étape (marche) 1: elle est consciente qu'elle peut s'habiller seule, mais elle ne le fait pas.

Parce que j'ai été très exigeante envers elle et que je ne l'ai pas initiée avec tolérance et considération.

L'autre étape, la prochaine demande, la prochaine intervention de la mère de Nadia a été: Je commence à l'habiller. Ex.: Je lui enfile le col du chandail, elle continue, en fait une partie. Si elle s'arrête, je l'aide à nouveau.

Réflexions de la mère après une semaine: «N'étant pas dans l'attente qu'elle s'habille toute seule sans mon aide, j'ai vécu beaucoup moins de pression cette semaine, ce qui m'a rendue plus patiente et tolérante envers Nadia lors de cette activité avec elle. Nous avons inventé un jeu: je mettais le col, elle enfilait une manche, je lui mettais l'autre manche, elle enfilait une jambe de pantalon, et ainsi de suite... Cela se passait avec plus de joie. J'étais vraiment beaucoup moins tendue qu'avant et ma fille a pris plaisir à ce jeu. Je l'ai félicitée régulièrement.»

• **Exercice du père de Sophie**, huit ans: Sophie refuse de manger presque tous les repas, sauf un aliment qu'elle privilégie et en très petite quantité. La plupart des mets provoquent chez elle maux de tête, de cœur et de ventre.

Elle est à l'étape (marche) -2 (ne le fait pas par dégoût). Parce que son père a mis trop de pression sur elle en l'obligeant à finir son assiette, même si elle n'aimait pas le mets, et en la forçant à rester assise pendant toute l'heure du repas.

L'autre étape, la prochaine demande, la prochaine intervention du père de Sophie a été: D'abord, j'accepte qu'elle n'ait pas d'appétit. Je lui dis pourquoi j'ai mis tant de pression jusqu'à maintenant: «Je voulais tellement...» Je lui enlève toute pression associée au repas. Je lui demande sans être trop exigeant. Je l'encourage quand elle accepte de goûter.

Réflexions du père de Sophie après une semaine: «J'étais moins tendu cette semaine, et Sophie aussi. Elle n'avait pas plus d'appétit, mais elle réagissait moins par des maux de toutes sortes.»

• **Exercice de la mère de Pierre, 10 ans**: Pierre n'a pas d'ordre dans sa chambre. Chaque fois qu'elle lui demande de ranger, c'est la confrontation entre eux.

Il est à l'étape (marche) 2: il fait le ménage par périodes, et partiellement, sans enthousiasme. Parce qu'il n'a pas été initié avec patience et tolérance.

L'autre étape, la prochaine demande, la prochaine intervention de la mère de Pierre a été: Je l'initie petit à petit, quelques fois par semaine, avec joie et sans pression.

Réflexions de la mère de Pierre après une semaine: «Cette semaine, nous avons fait ensemble le ménage d'une de ses commodes. Cela a duré 30 minutes. Je lui ai montré le côté pratique du rangement en fonction de ses besoins. Nous avons aussi discuté de choses et d'autres. Ce fut un bon moment pour nous deux.»

• **Exercice des parents de Stéphanie, 14 ans**: Stéphanie a une attitude négative. Elle se lève en se plaignant de tout et de rien et critique, souvent avec colère, ses parents, ses frères et ses sœurs.

Elle est à l'étape (marche) 0: elle n'en est pas consciente. Parce qu'elle n'a pas été encadrée avec fermeté.

L'autre étape, la prochaine demande, la prochaine intervention des parents de Stéphanie a été: Nous lui dirons qu'elle peut exprimer sa déception ou sa frustration quand elle a vraiment une raison valable de le faire et que nous en tiendrons compte. Aussi, nous lui affirmerons que les fois où il n'y a pas de raison valable de se plaindre, nous ne tolérerons pas son attitude négative envers nous parce que cela nous affecte dans notre humeur quotidienne (nuisance).

Réflexion des parents après une semaine: «Stéphanie semblait surprise par notre nouvelle prise de position. Nous nous sentions plus sûrs de nous. Elle a diminué de beaucoup ses récriminations.»

Voici un petit exercice qui vous aidera à pratiquer l'escalier de l'apprenti-«sage»; vous pouvez l'utiliser face à une habileté non acquise, une mauvaise habitude ou une responsabilité non développée, dans les domaines où vous aimeriez, comme parent-guide et complice de votre enfant, vous engager pour l'aider et vous aider.

Exercice sur l'apprenti-«sage»

Pour mettre en pratique cette notion, nous vous suggérons d'écrire les phases évolutives face aux difficultés que vous vivez avec vos enfants.

Ex.: J'aimerais que mon enfant enlève ses chaussures quand il entre dans la maison et qu'il les mette bien rangées dans la garde-robe, en pensant à fermer la porte.

Il est à l'étape 0 parce qu'il ne le fait pas, il n'en est pas conscient, il n'en voit pas l'importance.

Voici comment je pourrais lui faire monter l'escalier.

Ce que je lui demanderai **en lui laissant du temps pour intégrer cette notion et en l'encourageant le plus souvent possible:**

Étape 1: enlever ses chaussures en entrant;
Étape 2: les mettre ensemble dans un coin;
Étape 3: les mettre ensemble dans la garde-robe;
Étape 4: fermer la porte de la garde-robe.

$$4 \underline{\hspace{1cm}} \text{Mon but}$$
$$3 \underline{\hspace{1cm}}$$
$$2 \underline{\hspace{1cm}}$$
$$1 \underline{\hspace{1cm}}$$
$$0 \underline{\hspace{1cm}}$$

Si vous avez de la difficulté à faire observer certaines de vos demandes, vous serez surpris de l'efficacité de ce procédé. Il est plus facile pour l'enfant d'observer et d'intégrer une nouvelle action quand elle est simplifiée (surtout si ce n'est pas important pour lui).

LE LÂCHER-PRISE DE MES AUTOMATISMES NÉGATIFS QUI EMPÊCHENT L'AUTRE DE COMPRENDRE

De génération en génération, on s'est transmis une façon bien particulière d'intervenir envers nos enfants, lorsqu'ils ont des comportements qui nous dérangent. Certaines de ces attitudes sont très négatives et, parce que nous ne connaissons pas d'autres façons d'agir, nous les employons comme des automatismes. De plus, nous sommes plus ou moins conscients de l'impact qu'ils ont sur l'enfant, sur nous et notre relation.

Ex.: Je suis frustré en entrant dans la chambre de mon fils parce que tout est en désordre.

- Répéter toujours les mêmes consignes: «Veux-tu bien faire ta chambre!»
- S'impatienter, exiger, menacer: «Tu ne l'as pas encore fait (grognements, récriminations, pleurs, etc.)! Tu ranges ta chambre tout de suite, sinon...»
- Juger, blâmer: «Tu es désordonné. Tu ne prends pas tes responsabilités. Tu ne m'écoutes jamais...»
- Faire des colères, crier, hurler.
- Faire des sermons: «Quel désordre! Si tu ne te corriges pas, tu seras mal jugé par les autres.» Ou: «Tu devrais ranger chaque fois que tu utilises quelque chose.»
- Abaisser: «J'aurais de la difficulté à trouver un chameau dans cette pièce (ton arrogant).»

Ces automatismes négatifs m'empêchent d'exprimer la vraie raison de ma demande et coupent les liens; ils nous éloignent de notre enfant.

Réflexion

 Nos demandes sont souvent des exigences déguisées (ex.: mon enfant dit non à ma demande et je l'exige). Souvent aussi, ces supposées demandes n'ont aucun sens pour l'enfant, parce qu'il ne comprend pas la logique de ces ordres. «Selon moi, l'enfant devrait comprendre le pourquoi de mes exigences, même si je ne l'ai jamais exprimé.» Une demande sans explication est une prise de pouvoir sur l'enfant. L'enfant n'a aucune raison de l'exécuter.

LE LÂCHER-PRISE DE MES COLÈRES

On a vu que ces attitudes, au lieu de nous rapprocher de notre enfant, nous éloignaient de lui. Nous vous avons suggéré de faire un temps d'arrêt (recul) plutôt que de réagir promptement lorsqu'un comportement de votre enfant vous dérangeait. Et aussi de vous demander: Quel est le but de mon intervention? Est-ce que ma réaction m'amène à ce but? Parfois, il peut arriver qu'on reste déçu, agacé, frustré, en colère, ou même enragé.

Colère rouge: J'explose, j'exprime violemment ce qui m'affecte. Souvent, je déverse injustement le trop-plein d'émotions négatives accumulées sur l'autre (souvent la personne que j'aime). J'agis comme s'il était responsable de mon accumulation de frustrations.

Colère blanche: J'implose, je n'exprime pas mon sentiment, je le refoule et il se déverse en moi. Je vis du ressentiment envers cette personne et je m'isole, m'éloigne.

Quand j'exprime une colère rouge, je me sens «hors de moi». Je perds le contrôle de mes mots et j'exprime tout en «tu», en accusant, en humiliant et en rabaissant l'autre. Il devient le réservoir dans lequel je vide mon trop-plein.

Mes paroles sont souvent blessantes et toujours démesurées. Mon regard projette du feu qui consume ma victime. Parfois même, je l'agresse physiquement.

Mon enfant se sent écrasé, sans valeur, injustement traité. Il n'a plus le goût d'entretenir une relation avec son bourreau.

Quand j'exprime une colère blanche, cette fureur qui m'habite se déverse en moi. J'ai mal, je ne peux dormir, ma tête ne cesse de créer des scénarios horribles et il m'arrive même de souhaiter la mort de l'autre dans ma tête.

Je n'exprime rien. Je boude, je fuis les contacts visuels, tout en me morfondant à l'intérieur.

Pour mon enfant, c'est encore pire que de m'entendre crier après lui. Il ne sent plus de lien avec l'être qu'il aime, le parent de qui il est dépendant. Il a très peur de ne plus être aimé de moi. Il ne sait pas exactement ce qui lui arrive, la vraie raison qui a provoqué cette attitude, ce qu'on lui reproche réellement. Il vit dans le doute. Il amplifie sa faute.

Il se sent inquiet face à lui-même, se culpabilise de tout. Il voudrait parfois mourir. La relation se meurt, et le ressentiment envahit totalement la personne qui fait une colère blanche. Elle hait celui envers qui elle vit cette rancune. Elle se fait souffrir.

Ex.: • N'arrive pas à dormir.
    • A mal à la tête.
    • Perd sa mémoire, sa concentration.
    • Fait des ulcères, etc.

POUR DEVENIR PLUS CONSCIENT, JE M'OBSERVE

Le ressentiment

Définition: se souvenir avec animosité des maux, des torts qu'on a subis comme si on les sentait encore. Donc, le «ressenti-ment», puisqu'il fait référence à une émotion du passé dans un contexte présent.

Ex.: • Il y a quelques minutes, mon enfant a refusé de manger. Après que je me suis mis en colère et lui ai fait des menaces, il a quand même refusé de manger. Maintenant, il veut jouer avec des blocs. Je lui ai refusé, car je n'ai pas le goût de jouer avec lui.

    • Hier, je me suis chamaillé avec ma fille à propos du ménage non fait dans sa chambre. Aujourd'hui, nous faisons la vaisselle ensemble et j'ai de la difficulté à échanger avec elle. Je lui en veux encore.

Que provoque le ressentiment, la rancœur, la rancune en moi? Dans une colère blanche, les émotions négatives restent, s'accumulent, finissent par m'envahir, et je ne peux plus voir ce qui est beau chez mon enfant. Par moments, je finis par le détester.

J'amplifie. Je ne vois plus la réalité d'une façon juste, je ne vois que le mal chez l'autre, sa culpabilité, sa mauvaise intention, et ce d'une façon exagérée.

Cette prise de conscience m'aide à dédramatiser, à voir plus clairement la situation. L'événement passé, relié à ce ressentiment, me fait voir la situation avec des sentiments amplifiés, voire démesurés, par rapport au comportement qui me dérange. Alors il n'y a plus de place à l'acceptation, à la tolérance. C'est trop! J'en veux à celui qui réveille ce sentiment en moi.

Je me pose la question: Mon enfant est-il coupable ou innocent? Fait-il cela ou a-t-il fait cela avec l'intention de me faire du mal. Fait-il exprès pour m'atteindre ou de faire du mal?

Chaque comportement (dérangeant) de l'enfant est souvent un mécanisme dans le but de retrouver un équilibre émotionnel. C'est un mode de survie à un déséquilibre émotif.

Quand c'est oui:
c'est qu'il s'est senti brimé dans ses droits (réels ou non). Alors, il fait un geste par vengeance, en voulant faire payer à l'autre sa frustration (ce que l'autre lui a fait).

Quand c'est non:
1. c'est qu'il fait quelque chose pour lui. Il se fait plaisir (ex.: regarder la télé ou jouer au Nintendo plusieurs heures par jour);

2. c'est parce qu'un de ses besoins n'est pas comblé (ex.: se chicaner avec son frère ou sa sœur parce qu'il n'a pas l'attention à laquelle il croit avoir droit).

Réflexion

 En tout temps, un enfant aimerait beaucoup mieux faire plaisir à son parent et s'entendre dire que ce qu'il fait rend son parent heureux.

Colère: expression de l'accumulation

Souvent, la colère n'est pas l'émotion que je vis vraiment à la base. Elle est l'expression de l'accumulation et de la répétition d'émotions telles que la peur, la tristesse, la déception, la frustration, etc. L'accumulation de ces émotions s'exprime sous forme de colère, de débordement. Comme un volcan qui, ne pouvant plus retenir ses émotions, se met à cracher du feu. C'est souvent parce que je ne sais pas identifier ces émotions qu'elles s'accumulent et explosent en colère, ou encore que je n'arrive pas à me sentir compris. C'est donc sur ces émotions qui nous affectent à la base qu'il nous faut apprendre à nous exprimer afin de ne pas les accumuler.

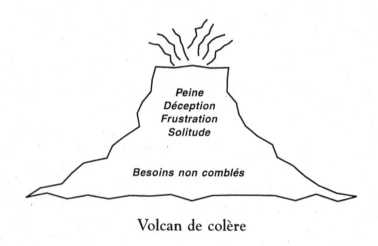

Peine
Déception
Frustration
Solitude

Besoins non comblés

Volcan de colère

Si je démolis quand même mon enfant, parce que je suis hors de moi. **Je ne suis pas coupable mais je suis responsable.**

Il n'y a pas de place ici pour la culpabilité; elle n'arrange rien. Mais il y a place pour prendre la responsabilité de mes actions et récupérer la situation.

En effet, je ne suis pas coupable de ce que je ne fais pas par intention parce que je le subis moi-même.

Ex.: Si je crie ou montre de l'impatience, je m'en veux d'avoir agi ainsi. Je me culpabilise, je suis déçu de ne pas être à la hauteur de mon idéal de parent.

Le problème, c'est de ne pas récupérer. Si j'ai dit des paroles blessantes à mon enfant, lui ai crié après, l'ai humilié, l'ai bousculé, l'ai frappé, lui ai fait peur ou l'ai culpabilisé, ma responsabilité est de le récupérer, de ne pas le laisser sur cette dernière impression qui peut être traumatisante.

Que peut-on faire?

- Se pardonner: pardonnez-vous tout de suite. Imaginez ce que vous auriez pu faire. C'est une bonne façon de pratiquer. Et félicitez-vous de l'évolution qui est en train de se produire en vous (avant, vous ne le voyiez même pas).

- Expliquer à l'enfant pourquoi on a agi ainsi et s'excuser.

Ex.: Je m'excuse d'avoir crié, je me suis laissé emporter, mais lorsque je vois que... (Je n'utilise que le «je».)

- Écouter les sentiments qu'il a éprouvés face à votre réaction.

Ex.: Je vois que tu as... eu peur... ou de la peine... ou que tu es frustré toi aussi. (Je l'écoute véritablement en lui reflétant les émotions qu'il vit.)

- Se pratiquer à «écouter son cœur» pour que la situation ne se représente plus.

Moi ou l'autre parent

Et s'il m'est impossible de récupérer parce que je me suis trop emporté ou que je suis trop en colère, je me dois de veiller à ce que mon conjoint récupère cet enfant.

C'est une erreur de penser que si je semonce mon enfant avec colère ou si je lui fais des reproches, l'autre doit me seconder dans ma colère. Il doit me seconder dans le principe, la valeur que je veux transmettre, et non dans la façon de le démolir ou de le faire se sentir coupable.

Réflexion

Si j'ai tendance à faire des colères, à m'impatienter, à avoir des attitudes irrespectueuses envers mes enfants, je suis aussi responsable de faire tout en mon pouvoir pour prendre des moyens afin de m'aider à reprendre un certain contrôle sur moi, sur ma vie, ou encore je peux demander l'aide d'une personne-ressource, dans le domaine de ma difficulté.

Comment agir face à une colère

Quoi faire d'une façon adéquate, respectueuse et efficace

Si je vis une colère, il ne faut pas que je la garde en moi. Je me dois de l'exprimer «pour moi» afin de m'en libérer, «pour mon enfant» afin qu'il soit informé de ce que je vis d'une façon authentique et claire, et «pour notre relation». Cela évite les mauvaises interprétations, donc il se crée moins de conflits.

On a vu qu'exprimer sa colère violemment a de mauvaises répercussions sur moi, sur mon enfant et sur notre relation. Au lieu de parler de l'autre (ex.: «TU es ceci, cela, TU m'as fait ceci, cela»), je lui exprimerai ce que je vis (ex.: peur, inquiétude, déception, sentiment d'impuissance, agacement, frustration, etc.). Je ne lui parlerai que de moi («la vraie affaire») (ex.: «Je suis tellement déçu parce que je voulais que...»). Au lieu de: «Tu me déçois...»

Alors, au lieu de garder à l'intérieur de moi ce que je vis ou de l'exprimer violemment en parlant de l'autre (quand je parle de l'autre, donc sur l'autre, je l'abaisse et le juge. Je le définis et l'emprisonne dans un faux carcan), je l'exprimerai en ne parlant

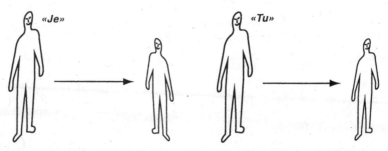

Je parle à l'autre.   Je parle de l'autre.

que de «moi». Je parle à l'autre. Je lui dis ce que je vis. Je lui dirai aussi que cette colère m'appartient. L'autre n'est pas la cause, mais c'est plutôt l'événement qu'il l'est.

LE LÂCHER-PRISE
DE PARLER DE L'AUTRE («TU»)

Durant notre enfance, nos parents, pour nous réprimander, utilisaient le «tu», ce qui avait pour impact de nous juger, de nous blâmer, de nous comparer ou de nous étiqueter face à un conflit ou à un événement désagréable. L'enfant devenait la cause du problème, ce qui était faux, parce que c'était l'événement qui importunait le parent.

Ex.: • TU es irresponsable.
     • TU n'écoutes jamais quand on te parle.
     • TU ne peux rester assis à table comme Guillaume.
     • TU es toujours en retard.

À cause de ce modèle, la seule façon que nous avons de parler de nous et de ce qui nous dérange est en fonction de l'autre en le désignant par des étiquettes et en l'accusant d'être la source de nos désagréments.

Ex.: • Regarde ce que TU me fais vivre.
     • TU me choques.
     • TU m'as déçu.
     • TU m'as fait peur.

D'où l'importance de dire «les vraies affaires», d'expliquer vraiment ce que je vis et l'impact que cela a sur moi.

Au lieu de:

1. TU laisses tout traîner. Si TU continues, personne ne voudra de toi.
2. TU es tellement lent que tes vêtements arriveront avant toi dans la voiture (avec sarcasme).
3. TU manges comme un porc. J'aurais honte de t'amener au restaurant. (Voir «Ce que je devrais dire selon le contexte», page 95.)

Face à des accusations en «tu», l'autre se sent abaissé, se ferme, n'écoute plus ce que l'on a à dire. Notre message n'a pas passé. Dans tous ces messages, je ne parle jamais de moi. Je ne dis pas ce qui me dérange. Donc, je ne dis pas «la vraie affaire». Mon message étant faux, le comportement de l'autre ne changera pas.

Réflexion

Ex.: Au lieu de parler des vêtements qui traînent (l'événement qui me dérange), je parle de l'enfant qui laisse traîner ses vêtements. Si un autre laisse traîner ses vêtements, je suis autant irrité. Donc, ce sont les vêtements par terre qui m'affectent, et non pas l'enfant.

L'inefficacité des automatismes négatifs, des colères et de parler de l'autre en «TU»

Ces moyens sont inefficaces parce qu'ils n'apportent pas de changements réels. En effet, je dois répéter ou en refaire la demande le lendemain. Ils ont aussi comme impact:

- l'arrogance chez l'enfant qui refuse de se faire dicter ce qu'il a à faire, répond à mon intolérance verbale, par la rébellion;
- la soumission chez l'enfant plus sensible à la peur de perdre l'amour de ses parents.

Le parent ne se sent pas bien dans ce type de relation qu'il entretient.

Réflexion

Il sera beaucoup plus difficile de récupérer un enfant soumis qu'un enfant rebelle, ce dernier n'ayant pas l'habitude de prendre sa place.

Pourquoi ces moyens n'apportent-ils pas de changements réels?
1. Parce qu'ils tentent d'influencer l'enfant par la peur ou la culpabilité. Ainsi, l'enfant ne change pas sa façon d'agir par considération pour ses parents (changement intérieur), mais parce qu'il ressent une pression négative (intérêt extérieur passager). Il lui faut avoir le goût, l'intérêt de changer ce comportement parce qu'il aime savoir qu'il apporte quelque chose à l'autre. Ce

sera cela qui lui en donnera le goût. Alors, il faut qu'il y goûte, qu'il entende ou perçoive que ce qu'il fait apporte quelque chose à l'autre.

2. Parce que le parent ne dit pas «la vraie affaire». Il juge le comportement de l'enfant, au lieu de dire ce qui le dérange, ce qui l'affecte.

3. Parce qu'ils empêchent l'enfant de comprendre.

Ce que je devrais dire selon le contexte (selon les exemples à la page 93)
1. JE suis fatigué d'avoir toujours à ramasser. Grand-maman s'en vient et je suis gêné de tout ce désordre. Peux-tu m'aider à mettre de l'ordre?

2. JE suis stressé parce que j'ai peur d'être en retard au bureau. JE suis découragé d'avoir toujours à répéter d'aller plus vite le matin. J'ai besoin de ta collaboration.

3. MOI, entendre des bruits à table, ça M'indispose. Ou encore, Ça ME dérange d'avoir à nettoyer toute la table après chaque repas. J'aimerais que tu coopères.

Réflexion

 Cette façon d'intervenir est beaucoup plus efficace et respectueuse que de parler de l'autre en «tu» ou d'exprimer des colères. J'ai de l'impact et j'atteins ma cible.

POUR VOUS AIDER À LÂCHER PRISE

1. Réviser son emploi du temps.
Pour être bien dans ma relation avec mon enfant, je dois accorder du temps à mes deux jambes, c'est-à-dire du temps pour moi et du temps pour l'autre. Cela me permet d'être d'aplomb sur mes deux jambes. Donc, le temps pour moi est aussi important que le temps que je consacre à l'autre. Pour faire l'équilibre, me sentir mieux, et puisque je suis un être de relation, j'ai aussi besoin de consacrer du temps à mon conjoint, à mes copains et à mes amis.

Ce temps me permet d'enlever une grande part du stress que je porte sur moi (jambe droite), et que j'ai par rapport à l'autre (jambe gauche). Je serai moins énervé, moins tendu, lorsque je m'occuperai de mes enfants.

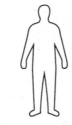

Moi   L'autre

2. Se révéler «comme unique».

Parler de ce que j'aime, de ce que je n'aime pas et de ce que je ressens, le plus souvent possible et le plus rapidement possible. Pour moi, afin de mieux me connaître (surtout mes désirs, mes peurs, mes limites) et pour que les autres puissent me connaître et tenir compte de ma différence.

Ex.:
- J'aime quand ma maison est bien rangée. C'est important pour moi.
- Je me sens souvent coupable face à certains de mes agissements.
- Quand tu me traites de con, cela me blesse.
- Je déteste le jaune. Cette couleur me fatigue (je ne vivrai pas la frustration de recevoir une cravate jaune pour ma fête).
- J'adore lire des biographies. C'est un moment vraiment privilégié pour moi (je recevrai peut-être un tel livre pour ma fête).
- Le bruit me fatigue et m'empêche de me concentrer lorsque je travaille.

Ainsi, je vivrai moins de tensions, de déceptions et de frustrations.

3. Faire des activités en famille qui me procurent de la joie à moi et à mes enfants.

Il n'y a rien de plus stimulant, pour retrouver la joie en famille, qu'une activité très simple où tous s'amusent.

Ex.:
- Un pique-nique dans le salon avec une nappe par terre.
- Le samedi, du cinéma maison tout en grignotant du maïs soufflé, avec une couverture pour se garder au chaud.
- Le vendredi, c'est une soirée spéciale: on commande le souper au restaurant et la consigne est: la détente.
- Etc.

4. Pour des comportements dérangeants.
Voir «Les besoins des enfants», page 150.

5. Pour les mauvaises habitudes, les habiletés non acquises ou les responsabilités non acquises face à mes attentes.
Utiliser «L'escalier de l'apprenti-"sage"», page 78.

6. Je ne me laisse plus vivre de situations conflictuelles.
- Je regarde mon enfant:
  - ce qu'il est;
  - ce qu'il a;
  - ce qu'il fait.
- Je le visualise comme s'il était l'enfant de ma belle-sœur.
- Je décroche de mes attentes.
- Je me demande: «Qu'est-ce qu'elle devrait faire?»
- Je mets en pratique avec mon enfant les conseils que je donnerais à ma belle-sœur.

De nombreuses autres pistes vous seront suggérées un peu plus loin dans cet ouvrage.

Lettre d'un étudiant à ses parents

Chère maman,
Cher papa,

Ça fait maintenant trois mois que je suis à l'université. J'ai pris beaucoup de retard pour vous écrire et je suis désolé de vous avoir négligés. Maintenant, j'ai quelque chose à vous apprendre. Mais avant de lire la suite, asseyez-vous. Vous ne continuez pas tant que vous n'êtes pas assis, hein?

Je vais plutôt bien maintenant. La fracture et le traumatisme crânien que j'ai eus en sautant par la fenêtre de ma chambre en feu, peu après mon arrivée, sont maintenant presque guéris. Je n'ai passé que deux semaines à l'hôpital, et ma vue est redevenue presque normale. En plus, ces affreuses migraines ne m'arrivent plus qu'une fois par semaine, au maximum.

Heureusement, la caissière du dépanneur d'en face avait tout vu. C'est elle qui a prévenu les pompiers et appelé l'ambulance. Elle est aussi venue me voir à l'hôpital, et comme je ne savais pas où aller, mon appartement étant réduit en cendres, elle a eu la gentillesse de me proposer d'habiter chez elle. En fait, c'est juste une chambre au sous-sol, mais c'est plutôt mignon. Elle a deux fois mon âge, mais c'est une femme adorable. Nous sommes tombés follement amoureux l'un de l'autre. On veut se marier. On n'a pas encore choisi la date, mais ce sera avant que sa grossesse commence à se voir.

Eh oui, chers parents, je serai bientôt père! Je sais à quel point vous avez hâte de devenir grands-parents, et je suis certain que vous accueillerez le bébé avec tout l'amour et les tendres soins que vous m'avez témoignés quand j'étais petit. La seule chose qui retarde notre union, c'est la petite infection qu'a ma fiancée et qui nous empêche de passer les analyses prénuptiales. Moi aussi, bêtement, je l'ai attrapée, mais tout ça va vite disparaître avec les injections de pénicilline que je me fais chaque jour.

Je sais que vous l'accueillerez à bras ouverts dans notre famille. Elle est très gentille, et même si elle n'a pas fait beaucoup d'études, elle a beaucoup d'ambition. Bien qu'elle ne soit pas de la même race ni de la même religion que nous, je connais votre tolérance toujours réaffir-

mée, et je suis certain que vous n'attacherez aucune importance au fait que sa peau soit un peu plus foncée que la nôtre. Je suis sûr que vous l'aimerez autant que moi. Vu qu'elle a à peu près votre âge, je suis certain que vous vous entendrez bien et que vous vous amuserez beaucoup ensemble. Ses parents sont, eux aussi, des gens très bien: il paraît que son père est un célèbre mercenaire dans le village d'Afrique d'où elle est originaire.

Maintenant que je vous ai mis au courant, il faut que vous sachiez que mon appartement n'a pas passé au feu. Je n'ai ni traumatisme ni fracture du crâne, je ne suis pas allé à l'hôpital, je ne suis pas fiancé, je n'ai pas la syphilis et il n'y a pas de femme bronzée dans ma vie. C'est juste que j'ai eu 5 % en physique, 8 % en mathématiques et 13 % en biologie, et j'ai voulu vous aider à relativiser les choses.

Je vous embrasse bien fort.

Auteur inconnu.

METTRE L'IMPORTANCE À SA PLACE

Quand il y a un problème, l'importance se met toujours au niveau de celui qui vit la difficulté. Je lui accorde toute mon attention afin de l'aider à régler ce problème.

Lorsque je vis une contrariété, *je suis important* et je centre toute mon attention sur moi afin de trouver une solution adéquate. J'exprime à l'autre ce que je vis. Je ne parle que de moi («je»), de ce que je ressens afin de pouvoir entendre ce que je vis et de voir clair dans la situation. Ceci m'aidera à me dégager des sentiments qui m'accablent et m'envahissent.

Lorsque mon enfant a un problème, *il est important*. Toute mon attention se dirige vers lui. Je l'écoute afin de lui permettre de se libérer, d'être entendu et compris. Il pourra ainsi trouver une solution à sa difficulté ou à son conflit.

LES EFFETS SUR MOI

1. Quand j'écoute vraiment l'autre, je prends le temps, je prête l'oreille et je suis attentif. Je prends aussi en considération ce qu'il m'exprime. Si j'ai développé cette écoute pour l'autre, je vais aussi m'écouter davantage.

2. Puisque l'autre a ressenti cette écoute, il lui sera donc plus facile de m'écouter lorsque je lui parlerai de ce qui m'affecte, me blesse ou m'irrite. En effet, il sera plus apaisé et plus disposé à entendre et à prendre en considération ce qui est important pour moi (mes aspirations) ou mes difficultés. Il m'écoutera davantage.

L'IMPORTANCE SUR MOI

Nous sentons le besoin de communiquer lorsque nous sommes heureux. Je parle («comme-unique») de ce qui me rend heureux afin de partager ce bonheur avec l'autre ou lorsque nous avons un «ique» en commun («commun-ique»). Là aussi, je me dois de m'exprimer comme unique. J'exprime ce que moi je vis dans ce «ique», ce conflit, et je permets à l'autre de se faire entendre par rapport à ce même «ique» (conflit).

Il ne peut y avoir de communication possible lorsque nous parlons sur l'autre («tu»), puisque ce ne sont souvent que des jugements, des reproches et des désaccords que nous exprimons. Ce n'est pas à coup de réprimandes, de menaces et d'insultes que les choses se règlent, mais bien en parlant de ce qui nous atteint, de ce qui nous affecte et nous dérange, afin de permettre à l'autre de comprendre l'impact de son action (la résultante de son action) le plus clairement possible.

- Ce qui est beau, ce que j'aime de mon enfant, je lui exprime, je le fais pour moi, pour me sentir bien. Cela me donne de l'énergie.
  Je le fais pour lui. Pour qu'il se découvre et voie le beau en lui.
- Ce que je n'aime pas, ce qui n'est pas beau (pour moi), je ne le lui démontre pas. *Je lui dis là où ça m'affecte.*
  Je le fais pour moi, pour me libérer et être entendu de l'autre.
  Je le fais pour lui, pour ne pas qu'il interprète et, ainsi, éviter les conflits.
- Je le fais pour notre relation.

Cela est ma responsabilité d'exprimer le plus clairement possible tout ce que l'autre me fait vivre, tant positivement que négativement. Si un conflit naît entre deux individus et qu'il n'est pas réglé immédiatement, il va prendre des dimensions énormes et risque de devenir presque impossible à régler. Souvent, on pense: «Ça ne donnera rien, il ne veut rien comprendre», ou encore «C'est trop gros, je n'y arriverai pas».

Si vous prenez un œuf de dragon (un conflit) et que je vous demande de régler le conflit, c'est-à-dire de briser l'œuf, cela est relativement facile pour vous. Mais si vous attendez et que l'œuf éclose et que le dragon sorte parce que vous attendez le bon moment ou ne jugez pas important de régler ce conflit, le dragon (problème) grandira avec le temps. Plus le temps s'écoule, plus il vous est difficile de tuer le dragon, de régler le conflit. C'est pour ça que l'on règle un conflit «quand il est dans l'œuf».

Il y a plusieurs dragons qui sommeillent chez les parents. Ne permettons pas que se créent des dragons chez les enfants. Entrons en communication avec eux. Permettons-leur et apprenons-leur à casser des œufs quand ils apparaissent.

RÉVÉLER LE BEAU

Il est bon de révéler concrètement à l'enfant le bienfait que cela m'apporte quand il a un comportement que j'aime.

Pourquoi faire ces révélations

1. Pour l'élever (porter vers le haut). L'être humain vit un grand sentiment de plénitude *lorsqu'il se sent utile et qu'il ressent que ce qu'il est ou fait, apporte quelque chose à l'autre.*

2. Pour le nourrir. Ces paroles bienveillantes, qui confirment sa valeur («Je suis quelqu'un»), l'alimentent intérieurement. Elles lui apportent une force solide. Plus que du renforcement positif, ces révélations nourrissent. En effet, en plus de démontrer à l'enfant ses compétences, ses capacités, elles lui confirment sa grande valeur, ce qu'il apporte à l'autre en tant qu'être.

3. Pour l'aider à changer son image de lui si elle est négative ou l'améliorer. Cette reconnaissance valorise l'enfant et augmente son estime personnelle.

4. Lorsqu'un comportement positif est reconnu par l'autre, il a tendance à se répéter. Qui n'aime pas faire plaisir et ressentir qu'il apporte quelque chose aux autres?

5. Pour améliorer son image de lui. Je devrai me concentrer pour voir et identifier ce qui est beau chez lui.

6. Le faire pour soi. Cela me donne de l'énergie; quand je vois mon enfant avoir des comportements que j'aime, cela me nourrit, me stimule.

7. Pour notre relation. Quand notre relation se porte bien, je me sens bien et il se sent bien. Par ces paroles, l'enfant se sent apprécié et cela crée un lien très fort avec le parent. Cela rapproche et renforce la relation. Tout être humain aime entrer en relation avec quelqu'un qui voit le beau en lui et reconnaît ce qu'il est.

Comment révéler le beau:

- Je décris son comportement.
- J'informe l'autre concrètement que cette action m'apporte quelque chose (impact extérieur).

  Ex.: • Me permet de gagner du temps.
  - Me permet de vaquer à d'autres occupations.
  - Me donne de l'énergie.

- Je lui dis le sentiment positif (impact intérieur) que son action amène chez moi.

Ainsi, j'atteins ma cible: je touche son raisonnement en lui disant l'impact extérieur (effet concret) que son action a sur moi. Et je touche son cœur en lui disant le sentiment que j'en éprouve.

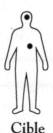

Cible

Ex.: • Lorsque tu m'embrasses avant de partir le matin (comportement), cela me réconforte (sentiment) et me donne de l'énergie pour entreprendre ma journée (effet concret).
• J'apprécie que tu aies vidé le lave-vaisselle, cela me soulage, j'étais fatigué.
• Quand tu apportes toi-même tes vêtements au lavage, ça me fait plaisir et j'ai plus de temps pour faire autre chose.
• Lorsque tu dors toute la nuit sans me réveiller, je me lève plus de bonne humeur et je suis moins fatigué dans la journée.

Lorsqu'un enfant a un comportement positif et que ce comportement est reconnu et apprécié par le parent, ce dernier a le devoir (besoin de l'enfant) de le verbaliser à son enfant.

Témoignage

Une maman a déjà exprimé que, n'ayant pas l'habitude d'exprimer ces messages, elle les oubliait et que lorsqu'elle y pensait, il était trop tard. Ex.: L'enfant était couché ou parti à l'école. Elle a eu l'idée géniale d'écrire ces messages aussitôt qu'elle y pensait et de les placer à un endroit où l'enfant les verrait facilement. Cette maman a été fort surprise de l'impact positif qu'avaient ces messages sur l'enfant et sur leur relation.

Ces messages qui dorment en nous sont de vrais trésors qui font toute la différence dans l'évolution d'une relation.

Quand nous cessons d'apprécier les comportements et les actions des enfants, ils finissent par cesser de les faire parce qu'ils croient que nous n'apprécions pas ce qu'ils font ou ce qu'ils sont, ou encore que ça n'a pas de valeur.

Rappelez-vous les débuts d'une relation conjugale: l'autre a de l'importance pour nous. Souvent, la femme prépare de bons petits plats pour son conjoint et celui-ci lui fait remarquer comment il aime et apprécie ces petits détails. À la longue, le conjoint omet de révéler ces sentiments d'appréciation. Il aime encore et apprécie sa cuisine, mais il se dit: «Elle le sait.» Sa femme, ne recevant plus de messages d'appréciation, finit par croire que le conjoint n'apprécie plus. Puis, elle perd le goût et l'enthousiasme de concocter de bons petits plats. Pourtant, elle aimait en faire avant. Maintenant, elle lui sert un steak bien cuit et vlan!...

Certains parents ne reconnaissent pas les actions positives de leurs enfants. Comme tous ces petits gestes qui semblent anodins et qui sont acquis pour nous. En effet, ils se disent que c'est normal qu'ils le fassent. Que c'est leur responsabilité.

Ex.: • En sortant de table, il dessert son couvert.
      • Il fait son lit.
      • Il accroche son vêtement sur un cintre.
      • Il se préoccupe de son hygiène corporelle.

N'oubliez pas que c'est la plupart du temps pour vous qu'ils font ces actions. Puisque pour eux, à cause de leur perception, ranger des vêtements dans les tiroirs, ranger leurs jouets et même vous dire merci, n'a aucun intérêt (importance).

L'enfant a le droit de savoir quand il fait quelque chose de bien. Son estime personnelle en dépend ainsi que la qualité de notre relation.

Tous ces messages, nous les ressentons, les pensons et, plus souvent qu'autrement, nous les gardons à l'intérieur. Et l'autre finit par penser qu'il est de trop, ou encore ordinaire. *Il ne connaîtra jamais toute la valeur qu'il a à nos yeux.*

Se révéler

Plus je me révèle à l'autre, plus il me connaît, et plus il m'apprécie. Parfois, ne connaissant pas mon passé, il ne peut comprendre pourquoi j'ai certaines réactions. Ainsi, il l'interprète en sa défaveur ou me juge sévèrement.

Comme si un masque cachait ma vraie nature, l'autre ne peut me lire, me deviner. Alors, il interprète sans jamais vraiment savoir. Par contre, quand je me dévoile, j'enlève ce masque. L'autre commence à percevoir l'intention derrière mon geste. Seulement là, il peut comprendre la raison de mon action.

Avec cette façon de me révéler en parlant de moi, nous entrons dans la vraie communication, c'est-à-dire l'action de communiquer («communiqu'action»). Lorsque nous communiquons, nous devons nous exprimer («comme-unique»), ne parler que de «je» et jamais de l'autre (en «tu»), et permettre à l'autre de s'exprimer sur lui, et nous sur nous.

RÉVÉLER MON INCONFORT

Nous allons maintenant aborder plus en profondeur l'aspect de la relation: là où moi je suis dérangé. Apprendre à me considérer, à m'exprimer sans que j'envenime toujours les choses lorsque je m'exprime. Permettre à ma personne de se faire entendre, de se faire écouter, puis d'être respectée.

Dans une bonne communication, l'importance doit être mise sur les deux parties égales: moi et l'autre. Je dois permettre à l'autre de se faire entendre et je me dois de m'exprimer.

Chacune des parties doit parler d'elle-même en se dévoilant à l'autre, en se révélant pour permettre à celui qui écoute d'avoir une perception plus juste de la situation et d'éliminer toute zone d'interprétation. *Plus la situation est mal définie de part et d'autre, plus grande est la zone de conflit.*

Souvent, les gens nous disent: «Si j'avais su à quel point cela t'affectait, je ne l'aurais pas fait... je pensais que... je croyais que... je ne savais pas que..., etc.» Et lorsque nous mettons plus de précisions sur les non-dits ou sur toutes les croyances sans fondements, nous nous apercevons qu'il n'y a plus de conflit mais des excuses.

Nous ne parlons pas assez de nous, de ce que nous percevons, croyons et ressentons. Du même fait, nous permettons à l'autre de tout interpréter. Comme l'humain a tendance à craindre et à imaginer le pire, dans son interprétation, il sera souvent loin de la vérité.

Ex.: Le mari arrive toujours vers 17 h 30 à la maison.
Aujourd'hui, il est 18 heures et il n'est pas encore arrivé.
À 18 h 05, sa femme commence à s'inquiéter: «Peut-être a-t-il eu un accident?» Si cela ne va pas bien dans le

couple: elle se dit: «Il ne rentrera pas ce soir... Peut-être a-t-il une aventure?» À 18 h 10, il entre. Sa femme, furieuse, boude ou le sermonne. Il lui offre des fleurs et lui dit: «J'ai pensé t'offrir des fleurs, alors j'ai fait un détour avant d'arriver à la maison.»

LA CONSIDÉRATION ENVERS MOI

Si mes attitudes habituelles quand mon enfant a un comportement qui me dérange sont des automatismes négatifs (répéter toujours les mêmes consignes, m'impatienter, menacer, blâmer, faire des colères, crier, sermonner, taper, m'isoler), il y a de bonnes chances que je ne me sente pas bien dans ces situations. Alors, pour m'aider et aider mon enfant, je devrais, avant d'intervenir d'une façon négative, me poser les questions suivantes.

- Quelle est mon attente envers lui?
- Est-ce que mon intervention m'amène à ce but?
- Ai-je de meilleures paroles pour mes amis que pour mes enfants?
- Est-ce que cela vaut la peine d'entrer en conflit pour cela avec mon enfant?
- Qu'est-ce que je pourrais faire d'autre pour y remédier, pour que cela ne se reproduise plus?

LA RÉVÉLATION EN «MOI»

Chaque fois que je ne me sens pas bien, je devrais m'arrêter, écouter et entendre ce qui s'exprime en moi. Je me concentre sur les sentiments qui émergent en moi, ici et maintenant: tristesse, déception, frustration. Je me dois ensuite de l'exprimer. En le concrétisant par la parole, c'est plus clair pour moi. Je vois mieux ce que je vis. Je l'entends. Je l'identifie davantage. C'est plus clair pour l'autre aussi, il entend ce que je vis.

> ## C'EST MOI QUI VIS LA SOUFFRANCE, JE PARLE DE «JE».

Si je ne me suis pas exprimé, l'autre ne peut savoir ce qui se passe en moi, puisque nous avons des prismes complètement différents, donc des perceptions différentes en raison de notre éducation, de l'âge, du sexe et de nos expériences de vie.

Nous avons tendance à démontrer notre état d'âme à l'autre lors d'un conflit. Nous mimons (démonstration de la colère) le sentiment profond que nous vivons, en même temps que nous parlons de lui, et nous lui reprochons de ne pas nous comprendre. Si nous exprimions ce sentiment au lieu de le mimer, nous aurions plus de chances de nous faire comprendre.

Dans ce mime où j'exprime ma colère, ce que je veux, c'est qu'on sache que je suis en colère. Mais étant donné que je mets l'importance sur l'autre en parlant de lui, celui-ci, qui reçoit ma colère, se sent responsable ou m'attaque à son tour. Au lieu de me comprendre, il se met sur la défensive, ne sachant s'exprimer, ou encore il s'éclipse pour éviter le conflit.

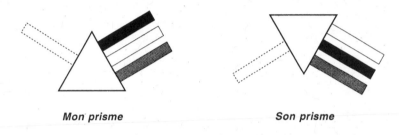

Mon prisme   **Son prisme**

Je m'exprime «comme unique». Je dois alors me révéler à l'autre pour qu'il connaisse mes goûts, mes humeurs, mes limites, mes difficultés, etc. Pour mieux informer l'autre, je lui dirai mon message, en décrivant toujours le comportement qui m'affecte, l'impact extérieur qu'il a sur moi et le sentiment que j'éprouve.

Je ne parle que de moi, ici et maintenant. Ex.: Au lieu de dire (avec colère): «Qui a pris les ciseaux et ne les a pas remis à sa place? Si je trouve celui qui a fait cela, il sera puni.», je ne parlerai que de mon besoin, ici et maintenant.

Ex.: «Cela m'énerve d'avoir à chercher les ciseaux parce que je suis pressé et je risque d'être en retard au bureau.»

L'impact doit être défini le plus clairement possible pour moi (je vois mieux ce qui me dérange) et pour l'autre (il peut mieux m'aider à régler mon problème en proposant des solutions appropriées).

DIRE LES «VRAIES AFFAIRES»

Je lui dirai les «vraies affaires».

Ex.: • Lorsque je vois des patins dans les escaliers (comportement), cela m'inquiète (sentiment) parce que j'ai peur qu'un de nous s'y accroche et se blesse (impact).

• Cela me décourage (sentiment) de voir de la vaisselle sur le comptoir (comportement) parce que cela me donne un surplus de travail (impact).

Pourquoi l'autre a-t-il besoin que je lui affirme franchement là où son comportement me dérange?

1. Pour lui montrer où sont mes limites.

2. Pour éviter un conflit inutile lorsque l'autre n'a pas le mode d'emploi. C'est injuste de le critiquer si ce n'était pas clair.

Ex.: Je demande à mon enfant de faire sa chambre sans lui démontrer ou lui dire ce que c'est pour moi un ménage bien fait.

3. Si je ne suis pas clair et vrai, mon comportement sera la plupart du temps saboteur, négatif et destructeur.

PASSER DE L'ÉLOIGNEMENT AU RAPPROCHEMENT

Il est important, si nous voulons garder une relation saine, de sortir de notre mode réactionnel, souvent impulsif, qui a pour conséquence de nous éloigner l'un de l'autre, et d'entrer dans un mode relationnel qui va permettre un rapprochement.

Deux bonnes pistes pour y parvenir:
Pour y parvenir, il faut faire face à certaines actions de l'enfant qui nous dérangent: 1. Parler du positif au lieu du négatif; 2. Valoriser les initiatives au lieu de ne remarquer que la partie non faite, par rapport à l'attente d'un certain résultat.

Ex.: Petit enfant:
- Tente maladroitement de ramasser un jus renversé.
  - «Comme tu peux être maladroit» ou «Tu as encore renversé ton jus.»

- Installe une nappe sans la placer correctement.
  - «C'est pas comme ça, voyons...» C'est comme ça.

- Fait son lit (à sa façon).
  - «Arrange-moi ça, c'est mal fait.»

Adolescent:
- Tond la pelouse en oubliant certains coins.
  - «Tu ne me dis pas que tu as terminé. Franchement!... Regarde ça et ça...»

- Lave les vitres en oubliant des endroits.
  - «Tu dis que tu les as lavées! Tu veux rire!... Tu ne sais pas que les vitres ont des coins.»

- Met maintenant son pantalon sur une chaise plutôt que par terre.
  - «Qu'est-ce que tu penses de mettre ton pantalon ainsi sur une chaise? Il va être tout froissé. Place-le comme il faut.»

- Commence un lavage... et l'oublie.
  - «Tu pourrais te concentrer davantage. Qu'est-ce que ça te donne de commencer quelque chose si tu n'arrives pas à le terminer?»

Je valorise (selon le cas) la partie faite ou l'initiative. Comme dans l'escalier de l'apprenti-«sage», il existe deux étapes pour faciliter l'application de ce moyen. Au début, je ne parlerai que de la première étape pour ne pas que l'enfant perçoive que tout ce qu'il fait n'est jamais correct et que le parent le fait mieux que lui. Dans cette étape, nous voulons valoriser l'enfant.

Après un certain temps, on ajoute la seconde étape graduellement pour enseigner à l'enfant l'action au complet sans le dévaloriser. Il est à remarquer que cette partie n'est pas un «mais». Elle n'invite qu'à compléter ou à améliorer plus adéquatement la partie faite.

Ex.: **Petit enfant:**
- Tente maladroitement de ramasser un jus renversé.
  - Étape 1: «Bien essayé. Continue.»
  - Étape 2: «Bien essayé. Continue, je vais t'aider. Regarde comment on fait.»

- Installe une nappe sans la placer correctement.
  - Étape 1: «C'est beau, merci.»
  - Étape 2: «C'est beau, merci. Il ne reste plus qu'à équilibrer les deux côtés.»

- Fait son lit (à sa façon).
  - Étape 1: «C'est bien! Bravo!»
  - Étape 2: «C'est bien! Bravo! Et si on tirait sur l'édredon, il serait plus droit.»

Adolescent:
- Tond la pelouse en oubliant certains endroits.
  - Étape 1: «J'apprécie que tu aies fait tout ce travail.»
  - Étape 2: «J'apprécie que tu aies fait tout ce travail. Il ne reste plus que ces endroits dans les rocailles et c'est terminé. Merci.»

- Lave les vitres en oubliant les coins.
  - Étape 1: «Merci.»
  - Étape 2: «Le centre est bien lavé. Et si on retouchait les coins, ce serait parfait.»

- Met maintenant son pantalon sur une chaise plutôt que par terre.
  - Étape 1: «J'apprécie que tu mettes ton pantalon sur la chaise plutôt que par terre.»
  - Étape 2: «J'apprécie que tu mettes ton pantalon sur la chaise plutôt que par terre. En plaçant les plis ensemble, comme cela, il ne sera pas froissé.»

- Commence un lavage... et l'oublie.
  - Étape 2: «Belle initiative! Qu'est-ce que l'on pourrait faire la prochaine fois pour ne pas l'oublier? Quel truc pourrais-tu employer?»

Bien entendu, dans un cas comme celui-ci, il n'est pas approprié de faire l'étape 1.

Le but de cet exercice est de conscientiser le parent sur l'effet décourageant de certaines de ses interventions face à des accomplissements de l'enfant, qui ne répondent pas à ses attentes. C'est-à-dire la concentration du parent sur la partie non faite d'une tâche, d'une entreprise de l'enfant, en oubliant de souligner, de reconnaître la partie faite de l'activité, de l'entreprise.

Il est injuste et irrespectueux de ne pas souligner avec enthousiasme la partie accomplie par l'enfant ou de ne pas en tenir compte.

Pourquoi cette piste est-elle efficace?

- Pour l'estime personnelle de mon enfant. Valoriser les petites réussites enlève les limitations, évite le découragement.
- Pour favoriser l'enthousiasme, le goût, l'intérêt chez l'enfant face à des responsabilités, à des tâches, etc.
- Pour mon bien-être. J'arrive à voir le beau chez mon enfant et je peux mieux apprécier sa vitesse d'apprentissage en constatant la partie faite.
- Pour notre relation. Cela favorise une meilleure complicité. L'enfant apprécie qu'on reconnaisse ses accomplissements.

CINQUIÈME MOYEN

L'IMPORTANCE SUR L'AUTRE (MON ENFANT)

Imaginez que vous êtes devant une personne très importante, une personne qui a une grande influence sur vous (ex.: homme politique, vedette du sport, du cinéma ou une idole religieuse, etc.) et qu'elle vient dans votre demeure demain. Quels seront les préparatifs? Comment vous comporterez-vous devant cette personne? Quand elle s'adressera à vous, quelle sera votre attitude?

Il est fort possible que si cette personne s'adresse à vous, vous l'écouterez avec attention et égard. Quand elle se présentera devant vous, vous serez tout attentionné à elle. Tout votre intérêt sera voué à sa seule présence.

Quand cette personnne s'adressera à vous, vous serez tout ouïe, sans l'interrompre ou la reprendre. Vous prendrez le temps de l'écouter vraiment.

Et, à la moindre occasion, vous lui démontrerez, par des gestes ou des paroles, l'importance que vous lui portez.

Est-ce que vous avez toute cette attention, cette bienveillance envers votre enfant? Est-ce qu'aider et comprendre votre enfant est plus important que le dégât qu'il a fait en expérimentant? Est-ce qu'une émission de télé est plus importante que d'écouter son enfant, que de passer du temps avec lui?

L'IMPORTANCE DE L'ÉCOUTE

Il est dans l'intérêt du parent d'écouter tous les langages par lesquels s'exprime son enfant. En effet, celui-ci parle à son parent à l'aide de mots, de maux et de comportements; il mime ce qu'il vit.

En effet, lors de consultations en psychothérapie, une des difficultés les plus souvent éprouvées est la blessure de ne pas avoir été compris ou de ne pas avoir été écouté par une personne qui nous est chère.

LES RÉPERCUSSIONS DE LA NON-ÉCOUTE

Voilà le pire drame de toutes relations. Il ne faut **jamais, jamais, jamais** empêcher quelqu'un de s'exprimer, surtout lors de conflits ou de difficultés. Tout ce qui ne s'exprime pas par des mots va s'imprimer chez l'individu qui cherchera un autre moyen de s'exprimer, comme d'adopter des comportements dérangeants ou avoir des attitudes inadéquates pour démontrer ce qu'il vit intérieurement. Même la maladie devient une façon de démontrer un conflit qu'on n'a pas exprimé par la parole.

Un enfant qui ne se sent pas écouté a tendance à:

Soit: se taire, ne plus se dévoiler, ce qui pourra se traduire par des déceptions, des colères, des rages intérieures qui pourront se transformer en maux (maladies) à l'intérieur de l'individu.

Soit: confronter, se révolter, nuire à ses relations. La majorité des comportements dérangeants d'un individu (plus de 80 %) viennent d'une souffrance intérieure non exprimée et non reconnue par l'autre.

L'outil le plus efficace pour permettre à l'enfant de s'exprimer et de s'épanouir, c'est de *l'écouter véritablement*. Peu de gens savent écouter vraiment. Beaucoup ont la capacité d'entendre, mais écouter l'autre dans ce qu'il vit afin qu'il perçoive qu'on le comprend vraiment, peu de gens y arrivent.

La majorité des conversations entre individus servent à démontrer aux autres tout ce que nous savons dans le but d'être perçu comme quelqu'un de bien afin de prendre notre place.

Parfois même, au lieu d'écouter, nous préparons notre intervention pour attirer l'attention sur nous ou pour essayer d'influencer l'autre.

En fait, ce sont des conversations stériles qui n'aboutissent à rien. Cela s'appelle parler pour ne rien dire, juste pour se faire valoir. Dans ces dialogues de sourds, où chacun veut se faire valoir, nous ne prêtons pas vraiment attention à l'autre. Nous ne faisons qu'entendre.

Réflexion

 Si l'autre me parle d'un problème qu'il vit et que je parle de moi, de ma façon de voir les choses, l'autre s'en désintéressera, car tout ce qu'il veut, c'est être entendu et écouté par moi.

Lorsqu'un enfant se sent vraiment écouté, il se sent compris et donc reconnu par son parent.

Comment nous réagissons habituellement quand l'enfant a un problème

1. Nous n'accueillons pas ce qu'il nous dit. Nous continuons nos occupations ou nous accordons à l'enfant une légère attention, démontrant que ce qui lui arrive n'a pas toute l'importance que lui y accorde. Ses paroles ne sont pas accueillies, reçues avec égard et attention.

Ex.: Les parents font semblant d'écouter l'enfant («Oui, oui...»). Ils ne l'entendent même pas ou disent: «Arrête de te plaindre», ou encore «Cesse de pleurnicher.»

2. Nous ne tenons pas compte de sa perception.

Ex.: «Elle est gentille pourtant ta gardienne», ou encore
«Ce n'est pas si grave, voyons.»

3. Nous ne confirmons pas le lien. Il faut souligner l'importance
qu'il a à nos yeux dans notre relation, reconfirmer cette importance à chaque occasion, chaque conflit et chaque difficulté.

Ex.: Enfant: «Je me fous de l'école.»
Parent: «Je vois que c'est difficile pour toi (écoute).
Mais c'est important pour moi. Je connais les
difficultés que vivent ceux qui quittent l'école
aussi tôt (message en «moi»).»

4. Nous jugeons et critiquons.

Ex.: • «Tu n'auras qu'à être plus gentil la prochaine fois.»
• «Tu pourrais être plus prudent et plus conscient à ton âge.»

Avec si peu d'écoute véritable, comment nos enfants peuvent-
ils se confier à nous?

COMMENT VRAIMENT ÉCOUTER L'ENFANT

Écouter, c'est être ouvert à l'autre, c'est mettre toute l'importance
sur lui...

> **C'EST LUI QUI VIT UNE SOUFFRANCE, «J'ÉCOUTE».**

Écouter, c'est être attentif et réceptif à ce qui se dit, à ce qui
se passe et, plus encore, c'est prendre en considération ce qui est
dit. C'est prêter une oreille attentive à l'autre et s'appliquer à
écouter. C'est lui démontrer par mon regard et mon attention que
je suis là, tout à lui. Écouter, c'est se taire, c'est mettre l'importance sur l'autre.

Cela suppose un temps d'arrêt et d'ouverture. Je ne suis plus
présent à moi, mais à celui qui vit une difficulté. Je m'oublie pour

un moment et me consacre à l'écoute de ce qu'il est prêt à me dire, «à se dire à travers moi».

Quand j'écoute véritablement mon enfant, j'ouvre mon cœur, *j'oublie mes préjugés*. Je lui permets de se sentir compris et d'entendre ce qu'il vit, pour que lui aussi puisse mieux se comprendre. Si j'interviens, je ne fais que lui refléter ce qu'il me projette comme sentiment, comme pensée.

Ex.: 1. **Petit enfant:** «J'ai un gros bobo.» (Il pleure.)
- Respecter son sentiment, reconnaître ce qu'il vit au même titre que lui le vit.

1. **Parent:** «Tu as l'air d'avoir très mal.»

Ex.: 2. **Enfant:** «Je ne veux plus aller à l'école.» (Il lance son sac dans l'entrée.)
- Respecter son sentiment, reconnaître ce qu'il vit au même registre que lui le vit.

2. **Parent:** «Tu es en colère.»

Les étapes de l'écoute

Pour mieux vous préparer à cette écoute véritable, les exercices suivants ont été divisés en trois étapes pour en faciliter l'intégration.

1. Être réceptif à ce qu'il me dit.

2. Écouter sans entendre, sans mettre l'attention sur les mots: mettre de côté ses propres préjugés. N'être qu'à l'écoute des sentiments.

Les répercussions sur l'enfant:

- Il sent que ce qu'il dit est important, donc qu'il est important.
- Il a le goût de s'exprimer davantage.
- Il se rapproche du parent.

3. Être le miroir émotionnel de l'autre: refléter ses sentiments.

Les répercussions sur l'enfant:

- Il a le goût de s'exprimer davantage *et de se dévoiler*.
- Il se rapproche *encore plus* du parent.

Étape 1 de l'écoute

Les gestes les plus importants à faire pour que l'autre se sente écouté et important lorsqu'il me parle (surtout lorsqu'il a un problème) sont d'abord d'arrêter l'activité que je suis en train de faire, ensuite de poser mon regard sur lui. Aussi, il est bon que je me mette à sa hauteur si c'est un enfant. Là, il ressentira que je suis intéressé à ce qu'il me dit et attentionné à lui.

Comme premier exercice pour vous entraîner à faire de l'écoute véritable avec vos enfants, lorsqu'un d'entre eux exprimera quelque chose cette semaine:

- arrêtez votre activité;
- posez votre regard sur lui;
- mettez-vous à sa hauteur.

Surtout s'il vit une difficulté: ici maintenant, c'est lui qui est important. Ce n'est pas moi qui ai un problème, c'est lui. *Celui qui est en difficulté a droit à toute mon attention.*

Prendre le temps

On ne peut vraiment écouter l'autre que si l'on prend le temps. Si un enfant exprime une peine, une déception ou une colère, je me dois de m'arrêter, de faire une pause pour lui donner toute mon attention. On ne peut pas écouter avec attention en faisant autre chose.

Je pose mon regard sur l'enfant. Je lui démontre, par mon attitude, que je suis tout à lui. *Je lui prête l'oreille pour un moment.*

Je lui fais sentir qu'il est important pour moi, que ce qu'il vit est important et non banal, et que je reconnais sa souffrance.

Cette habitude de prendre le temps est tout aussi bonne lorsque l'enfant vient me raconter ses joies. Ceci crée un lien, une ouverture où l'enfant ressent la possibilité de se confier avec confiance à un parent qui aime l'écouter et qui prend le temps de l'écouter.

Ex.: Au retour de l'école, Nicolas exprime avec enthousiasme à sa mère la joie qu'il a vécue en se faisant un nouveau copain. Sa mère, occupée à préparer le repas, s'arrête, s'assoit près de lui et le regarde pour mieux l'écouter.

Demain, ce sera la peine d'avoir été puni par son professeur. *Nicolas aime se confier à sa mère. Elle a du temps.* Elle lui permet de mieux se connaître et de mieux comprendre ce qu'il vit. Cette attitude d'écoute ouverte permet aussi à la mère de mieux connaître son fils.

Écouter avec son cœur

La véritable écoute demande une grande humilité. Cela me demande, pour un moment, afin de bien comprendre l'autre, d'oublier ce que je suis, d'oublier mes préoccupations et d'ouvrir mon cœur à l'autre. Je deviens cette autre personne pour le temps où je me mets à sa place... J'écoute avec compassion, attention et douceur.

Quand écouter

Nous sommes conscient de la difficulté qu'ont les gens à faire de l'écoute véritable. N'ayant pas été écouté nous-même et n'ayant aucun modèle adéquat de personnes qui sachent le faire, nous n'avons pas appris à écouter vraiment.

Pourtant, nous devrions écouter chaque fois que quelqu'un a quelque chose à nous dire, surtout les enfants, parce que tout ce qu'ils ont à dire vaut la peine d'être entendu.

Il est vrai que certaines causes extérieures ne nous permettent pas toujours d'être dans de bonnes conditions d'écoute. Nous pouvons être pressés par le temps ou par certaines obligations.

Ex.: Je suis en train de réparer un meuble ou je parle à ma
voisine.

Par contre, lorsque votre enfant exprime une émotion négative (tristesse, colère, etc.), lorsque vous voyez qu'il semble dérangé, qu'il n'est pas bien, c'est qu'il a un problème.

Souvent, il sait nous le démontrer, mais il ne sait pas comment l'exprimer. Alors, il le mime.

Ex.: Votre enfant a des comportements agressifs en arrivant
de l'école.

Ici, il est impératif que vous cessiez vos occupations et que
vous écoutiez ce qu'il dit, afin de lui permettre de sortir de cette
impasse, d'être compris puis soulagé.

Nous devrions toujours écouter notre enfant qui souffre, afin
de lui permettre de se sentir aimé, compris, appuyé dans ses difficultés.

Quand je serai à l'aise avec l'étape 1, seulement là, je pourrai
amorcer la deuxième.

Étape 2 de l'écoute

Maintenant, ne faites qu'écouter en ne disant rien ou en démontrant à l'autre que vous le comprenez par des gestes, comme des signes
de la tête ou des paroles simples («Ah oui!», «Vraiment», «Je vois»,
«Ah bon!»).

N'étalez pas vos faits et gestes par rapport à ce qui est dit.
Donnez toute votre attention à l'autre.

Comme deuxième exercice, pour vous entraîner à faire de
l'écoute véritable, lors de vos prochaines discussions avec les membres de votre famille ou d'autres personnes:

1. • Vous vous arrêtez;
   • Vous donnez toute votre attention à l'autre;
   • Vous écoutez.

2.
- Vous vous débranchez de vos préjugés, en ayant une attitude neutre;
- Vous ne dites rien ou vous démontrez à l'autre que vous l'écoutez par des gestes de la tête ou des paroles simples.

Ce que permet l'écoute véritable

Plusieurs personnes pensent qu'en ne disant pas leurs émotions négatives, en les refoulant, en les ignorant ou en s'occupant le plus possible, elles arriveront à s'en débarrasser.

En réalité, on se libère de nos émotions quand on les exprime à quelqu'un et qu'on se sent compris, ce qui nous amène nous aussi à nous comprendre et à nous libérer de ce fardeau envahissant. C'est pourquoi écouter vraiment l'autre permet cette libération. Je l'écoute véritablement. Ainsi, je l'aide à découvrir ce qu'il ressent précisément face à cette situation. Il peut ainsi trouver des solutions adéquates à ses difficultés tout en dédramatisant l'événement. De plus, l'expression de ses peines et de ses chagrins lui permet de se libérer de ses tensions.

Parler, exprimer ses sentiments, ses émotions, ses joies et ses peines permet à l'enfant de mieux voir ce qu'il vit et, par là, de se prendre en main et de devenir un individu plus solide intérieurement, plus responsable, autonome et en pleine possession de ses moyens.

Les difficultés de l'écoute véritable

Souvent, les enfants se ferment et ne se dévoilent que difficilement. Pourquoi? D'abord, ils n'ont pas eu l'exemple de leurs parents parce que ceux-ci ont de la difficulté à se dévoiler. Puis, souvent, ils n'avaient pas les mots justes pour le dire ou une oreille pour les entendre. Ils se sont essayés quelquefois, mais en vain.

Ex.: «Je pense que mon professeur ne m'aime pas.»

Mais ils ne se sont pas sentis reconnus dans leurs sentiments, leurs émotions. Nous leur disions que leur jugement n'était pas bon, que nous savions mieux qu'eux.

Ex.: «Je suis certaine qu'elle t'aime, voyons.»

Nous avons peur de les voir souffrir. Nous essayons de minimiser leurs dires.

Ex.: «Je crois que tu t'en fais pour rien.»

Nous tentons de les ramener à la raison, de les convaincre.

Ex.: «C'est parce qu'elle a beaucoup de travail avec tous ses élèves. Elle doit être fatiguée et plus impatiente. Ce n'est pas à toi qu'elle en veut.»

Ou encore, nos interventions partent de préjugés ou de valeurs inappropriés. Nous faisons perdre la face à l'enfant, l'humilions, le culpabilisons et, ainsi, nous fermons immédiatement la porte aux confidences.

Ex.: • «Cela ne m'étonne pas, tu es étourdi.»
      • «Je le comprends. Je plains le professeur qui a à s'occuper d'élèves de ton genre.»

Nous ne les croyons pas capables de régler eux-mêmes leurs problèmes. Nous gardons notre supériorité (prise de pouvoir).

Nous leur donnons des conseils selon notre point de vue, notre façon de voir les choses.

Ex.: «Tu pourrais être plus gentil avec elle.»

Nous n'entendons que les mots, nous ne nous basons que sur les faits et nous ne portons pas attention aux sentiments que vit l'enfant.

Après quelques expériences où il ne s'est pas senti écouté et compris, où il s'est senti frustré, parce que l'on n'a pas reconnu ce qu'il vivait vraiment, l'enfant a décidé de se taire.

«C'est plus simple, moins compliqué, se dit-il. Moins décevant, moins traumatisant.»

L'enfant a choisi de s'éloigner, aurions-nous fait autrement?

Nous avons perdu ainsi l'occasion d'être de bons parents complices pour notre enfant, de vivre des relations franches, ouvertes, authentiques et de nous rapprocher l'un de l'autre.

Chaque fois que nous voulons régler ses problèmes (ex.: donner des conseils), au lieu de l'écouter, l'enfant perd le sentiment d'être compris, d'être quelqu'un. Il cherchera un autre confident que moi pour s'exprimer ou apprendra à ne rien dire: «Non, tout va bien», dira-t-il même s'il vit une difficulté. Alors qu'il est si simple de se taire, de lui faire sentir que nous sommes attentif à sa souffrance et que ce qu'il vit a de l'importance à nos yeux.

Voilà pourquoi il est si important que je me consacre à l'écoute de ce que mon enfant est prêt à me dévoiler, et cela est tout un honneur qu'il me fait, une preuve d'amour et de confiance envers moi.

Les conditions pour bien vivre l'étape 2

• **Être capable de voir l'autre comme une personne distincte de moi.**

L'écoute est puissante à condition d'être capable de percevoir l'autre comme une personne différente, qui a sa propre histoire. C'est souvent la plus grande difficulté que peut vivre le parent dans l'écoute. Le but de l'écoute étant de permettre à l'enfant de trouver ses propres solutions, je l'aiderai ainsi, par le reflet de ce qu'il vit, à découvrir ce qu'il ressent exactement.

• **Être capable de s'oublier et d'oublier ses préjugés.**

L'enfant a tout simplement besoin d'une oreille sympathique pour se dévoiler. Il veut que son parent se rende compte que les sentiments qu'il éprouve sont pénibles pour lui. Il veut absolument que nous nous rendions compte de l'importance et de la gravité de l'événement, selon sa perception à lui.

Sa façon de percevoir son problème lui appartient. Si ce que l'enfant exprime ne semble pas réaliste pour l'adulte, cela ne veut pas dire que ce n'est pas ce qu'il ressent.

Ex.: Un enfant se plaint qu'il a un bobo parce qu'il saigne. Si je lui dis que ce n'est pas grave, que ce n'est rien, l'enfant va vivre de la frustration et ne se sentira pas compris. Il va recevoir comme message: «*Tu n'as pas un bon jugement.*» Il y a de bonnes chances que l'enfant continue de pleurer, d'abord parce qu'il a mal, puis par frustration de ne pas se sentir compris. Il va vouloir me convaincre que c'est (selon sa perception à lui) un gros bobo. Si, au contraire, je reconnais que ce bobo semble lui faire vraiment mal, puisqu'il pleure, il va se sentir compris, n'aura pas à convaincre son parent qu'il a vraiment mal. Il arrêtera probablement de pleurer, se sentant compris.

Ex.: Un adolescent exprime sa tristesse parce que sa copine l'a quitté. *Si je lui dis que ce n'est pas grave* et qu'il en trouvera sûrement une autre bientôt, *je ne l'ai pas vraiment écouté.* Tout ce qu'il veut, c'est que je reconnaisse que c'est très difficile pour lui de perdre une personne qui lui est chère. C'est cette copine qu'il aimait, pas une autre. Si je reconnais sa douleur psychologique de la même façon que lui la vit, il se sentira apaisé, réconforté sachant qu'il est reconnu dans sa souffrance. Il sera donc plus apte à reprendre son énergie positive.

Pour une bonne écoute:

- je me débranche de mes préjugés;
- j'ai une attitude neutre;
- j'accepte inconditionnellement ses émotions.

Souvent, notre première réaction, face à une souffrance que vit notre enfant et qu'il exprime par un comportement dérangeant, est de réagir négativement à cause de certains préjugés ou de certaines valeurs inappropriées.

Ex.: • «Cesse de pleurer... Comme tu es braillard!... Tu me fatigues.»
- «Laisse ta sœur tranquille. Vous devriez vous entendre entre frères et sœurs.»

Comme font souvent les parents en élevant la voix quand les enfants se disputent en leur disant de s'entendre entre eux et de baisser le ton. Les parents crient pour passer leur message: «Voulez-vous bien arrêter de crier!» On donne le mauvais exemple et on dit: «Ne le fais pas (sans toutefois dire quoi faire).» Nous leur disons: «Ça ne se fait pas, c'est mal, ce n'est pas gentil, etc.»

Par contre, sans préjugés, sans sermons, en l'écoutant simplement, je fais mieux que de lui parler, je lui offre la possibilité de parler, d'être entendu. Je lui permets de se dévoiler. Cela le sécurise et le rapproche de moi.

Je pratique quelque temps cette deuxième étape et quand j'arrive à avoir cette attitude neutre, je passe à la troisième étape.

Étape 3 de l'écoute

L'écoute véritable est quelque chose que nous devons pratiquer le plus souvent possible si nous voulons être capable de vraiment écouter en toutes circonstances.

Au début, nous vous suggérons de vous pratiquer le plus souvent possible avec les étapes précédentes sans toutefois faire de l'écoute quand vous ne vous y sentez pas prêt. Si votre capacité d'écouter est de 10 minutes, c'est correct. Si, demain, vous êtes dans de meilleures dispositions, vous pourrez écouter plus de 20 minutes. Chaque minute d'écoute réussie est une victoire sur la non-écoute.

La seule façon d'acquérir une nouvelle habileté est la pratique. Sans pratique, pas de réussite. Quand viendra le moment de faire de l'écoute, vous n'aurez pas acquis l'habileté de vraiment écouter. Et, malheureusement, l'autre sera frustré de ne pas avoir été compris et vous aurez perdu l'occasion de lui venir en aide et de renforcer votre lien, votre rapprochement et votre complicité.

Cela peut prendre quelques mois avant d'être tout à fait à l'aise et habile dans l'écoute. Cela ne veut pas dire que vous ne pourrez pas écouter avant. Ce que nous voulons dire, c'est que l'habitude d'écouter s'ancre comme un réflexe, sans avoir à se dire que c'est maintenant le temps de faire de l'écoute.

Dans cette troisième étape, nous allons approfondir la capacité d'être le miroir émotionnel de l'autre: l'écoute des mots (pensées ou émotions derrière ces mots) et l'écoute du non-dit (les comportements et les maux ou maladies).

Ex.: «Maman ne veut jamais jouer avec moi.»

Au lieu de dire: «Elle joue avec toi, voyons!»
Je me demande intérieurement:

- Que tente-t-il d'exprimer?
- Qu'est-ce qu'il vit au juste?
- Quelle est sa souffrance?

Ainsi, je peux identifier plus clairement l'émotion que vit mon enfant. Je peux cerner mieux son mal-être afin de l'écouter vraiment, et non pas tenter de le réconforter maladroitement sans qu'il se sente compris. Au contraire, si je m'interroge sur l'émotion véritable que vit mon enfant, je pourrai l'aider à clarifier ce qu'il vit et à s'en libérer.

Dans ce cas-ci («Maman ne veut jamais jouer avec moi»), je déduis, selon son attitude et ce qu'il m'exprime, qu'il a un grand besoin de sentir l'affection de sa mère en ce moment ou qu'il doute de l'amour de sa mère envers lui, à cause de son refus face à un grand désir qu'il avait.

La vraie écoute serait:

- «Tu aimerais que maman passe plus de temps avec toi.»
- «Tu as l'impression que maman ne s'occupe pas de toi.»

Être son miroir émotionnel dans l'écoute

L'enfant manque souvent de vocabulaire pour exprimer les sentiments qu'il vit à l'intérieur de lui. Il ne peut mettre de mots sur ses états d'âme et cela le révolte parce qu'il ne peut s'exprimer et être compris.

Pour compenser ce manque de vocabulaire, il mime ses sentiments ou ses états d'âme par des comportements, des attitudes et des paroles qui ne sont pas l'explication concrète de ce qu'il vit réellement, mais sa façon à lui de s'exprimer pour tenter de se faire comprendre. Souvent, ces attitudes sont elles-mêmes empruntées du comportement ou des attitudes de ses parents qui, eux-mêmes, ne savent pas exprimer avec les mots justes ce qu'ils vivent. Là, les parents vont devoir interpréter les agissements de leurs enfants, sans juger le comportement.

Ex.: Mime: «Je voudrais me cacher quand papa me chicane.»

Ainsi, en codant son message, l'enfant cherche une porte pour être entendu. Souvent, nous restons accrochés aux mots plutôt qu'aux émotions que l'enfant cherche à exprimer, nous passons à côté de ce qu'il vit intérieurement.

Ex.: «Ne fais pas cela, il serait encore plus fâché.»

Il ne se sentira pas libéré et ne pourra pas changer ou améliorer la situation. De plus, nous perdons le contact avec lui.

C'est en étant un miroir que nous devrions l'écouter et lui retourner non pas l'image, mais l'émotion ou les sentiments qu'il semble vouloir exprimer. Nous devons interpréter le sentiment qu'il vit, quand il joue ce rôle.

Ex.: Mime: «Je voudrais me cacher quand papa me chicane.»
Interprétation: «Tu as peur quand cela arrive.»

Pour qu'il puisse:

- mettre un mot sur ce qu'il vit;
- ressentir que je reconnais sa souffrance au même titre que lui la vit;
- se dégager de la sensation négative qui l'envahit.

Ici, le miroir sert à interpréter le message qu'il cherche à exprimer, à lui enseigner (parent-guide) comment exprimer ses émotions et à faire en sorte qu'il se sente entendu.

Avec la répétition, il va apprendre à mettre des mots sur ses émotions et à se libérer de tout ce qu'il vit, au lieu de développer des comportements dérangeants pour tenter de dire ce qu'il ne sait pas dire et de devenir de plus en plus insupportable, dérangeant, voire invivable. Juste parce qu'il ne se sent pas compris et qu'il ne sait pas mettre des mots sur ses émotions.

Nous réagissons souvent, quand l'enfant vit un problème, par des automatismes négatifs: minimiser, dévier, juger, conseiller, etc.

Pourquoi agissons-nous ainsi?

Parce que:
1. c'est le seul modèle que nous connaissons;
2. nous avons peur pour lui;
3. nous avons peur pour nous;
4. nous voulons pour lui;
5. nous le considérons comme un prolongement de nous-mêmes;
6. nous ne connaissons pas d'autres façons d'agir.

1. Parce que c'est le seul modèle que nous connaissons

De génération en génération, on nous a transmis comme croyance que le parent sait mieux que l'enfant ce qui est bon pour lui. Aussi, nous prenons le contrôle sur sa vie en lui disant constamment quoi faire, quoi penser.

Nous croyons, en raison d'un sentiment de supériorité, qu'il est trop petit pour résoudre ses problèmes ou essuyer des échecs. Nous avons le sentiment que notre référence (notre perception du problème) est la seule qui soit bonne et que sa vision du problème est fausse. Nous ne croyons pas l'enfant capable de régler lui-même ses problèmes à sa façon, ce qui, dans plusieurs cas, vaut mieux que la nôtre.

Pourtant, l'enfant a tout en lui pour prendre en main ses difficultés. Il n'a besoin que de notre complicité dans l'écoute et dans la participation au règlement de son problème (parent-complice). Ainsi, il trouvera lui-même ses propres solutions.

2. Parce que nous avons peur pour lui

Nous agissons ainsi parce que nous tremblons pour lui. Si je tremble pour lui et que j'essaie de régler son problème, selon mes perceptions, je risque de déséquilibrer l'enfant et de le faire trembler lui aussi en lui transmettant mes peurs ou en trouvant une solution inappropriée à son problème. Je contribue à sa peur et à sa faiblesse.

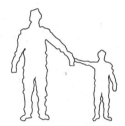

Je tremble pour mon enfant.

Je peux aussi contribuer à le faire trembler plus tard, dans diverses expériences de sa vie, puisque je ne lui ai pas laissé l'occasion de prendre ses responsabilités et, par là, de développer ses propres capacités.

Il risque de rester dépendant de moi. Quand pourra-t-il voler de ses propres ailes? vivre sa propre histoire? prendre ses propres risques? faire ses propres erreurs?

Pourtant, c'est le meilleur temps pour le laisser faire l'expérience de régler ses problèmes, puisque s'il lui arrive une difficulté dans la résolution de son problème actuellement, je pourrai le secourir. Plus tard, lorsqu'il sera parti de la maison, je ne pourrai lui venir en aide aussi facilement.

Ainsi, en développant l'expérience de résolution de petits problèmes, il prendra confiance en lui. Il aura cette force quand, dans l'avenir, de plus gros problèmes se présenteront dans sa vie. Ce sera plus facile pour lui, puisqu'il aura déjà acquis cette expérience et cette confiance personnelle.

Nous devons faire confiance à l'enfant dans sa capacité de régler lui-même ses problèmes.

- Chaque individu a tous les moyens en lui pour résoudre les problèmes qui se présentent à lui.

- La nature du problème est proportionnelle à la force de l'individu.

Ex.: • L'enfant est capable de régler un conflit relatif à la possession d'un jouet.

- Un adolescent est capable de faire face à une déception amoureuse, à une épreuve sportive ou à un échec scolaire, ce que le jeune enfant ne pourrait faire.

- Un adulte est capable de faire face à des problèmes sur les plans financier, juridique, conjugal ou familial, ce que le jeune enfant et l'adolescent pourraient difficilement résoudre.

Plus vite je lui permettrai cette autonomie, plus vite il développera ses propres forces. Je lui permettrai de se comprendre, en écoutant lui-même ce qui le déséquilibre. Lorsque l'enfant vit une émotion négative, il est en déséquilibre intérieurement. S'il a une bonne oreille extérieure pour l'écouter, il peut exprimer cette émotion, en voir la solution et reprendre son équilibre intérieur. À ce moment, je l'élève. Je suis un bon parent-guide et complice pour lui.

3. Parce que nous avons peur pour nous

Nous voulons tous réussir notre rôle de parent et vivre harmonieusement avec nos enfants. Par-dessus tout, nous ne voulons pas vivre de culpabilité. Ainsi, en prenant le contrôle, en disant à l'enfant quoi faire, quoi penser, en le dirigeant, nous croyons qu'il sera bien guidé et réussira mieux sa vie. Beaucoup de parents ne peuvent prendre le risque de laisser vivre un échec à leur enfant sans se sentir coupable ou responsable de cet échec.

Aussi, nous avons peur d'être jugé comme parent; nous voulons que nos enfants acquièrent des valeurs, des attitudes, des comportements qui respectent l'image que nous voulons refléter dans notre entourage (souvent même au détriment de l'enfant).

4. Parce que nous voulons pour lui

Selon nos aspirations personnelles non comblées:

Ex.: • J'aurais aimé faire carrière comme pianiste.
  • Je suis déçu de ne pas avoir réalisé mon rêve de devenir un pro du golf.
  • Je souffre de ne pas avoir poursuivi des études avancées.

Je pousse mon enfant à réussir dans tel ou tel domaine, ou encore, à l'inverse, face à une perception négative d'un métier ou d'une profession spécifique (ex.: mon enfant veut devenir artiste peintre, comédien), je le pousse à être tout sauf artiste.

Nous voulons à tout prix qu'il soit heureux selon notre perception, que tout lui réussisse. Alors, nous ne voulons pas écouter et refusons même parfois d'être complice si son choix ne correspond pas aux aspirations que nous avons pour lui.

5. Parce que nous les considérons comme un prolongement de nous-mêmes

Plusieurs parents ne considèrent pas leurs enfants comme des personnes à part entière. Ils les voient plutôt comme un prolongement d'eux-mêmes. Ils jugent, selon leur prisme (leur façon de voir les choses) à eux. Toutes leurs interventions vont dans ce sens. Ils ne croient pas que leurs enfants ont une identité bien à eux, qu'ils ont une perception très différente de la leur.

Aussi, dans toutes leurs interventions, au lieu de les faire participer ou de reconnaître leur façon bien à eux de vivre leurs expériences, ils les contrôlent constamment, en jugeant et en critiquant tout ce qu'ils croient nocif pour eux et en leur disant quoi faire.

6. Parce que nous ne connaissons pas d'autres façons d'agir

Il nous est difficile de lâcher prise à des attitudes, même si nous ne nous sentons pas bien en les adoptant, si nous ne connaissons pas d'autres solutions.

Ex.: Un jour, un homme demanda à sa femme pourquoi elle coupait toujours les extrémités de son gigot pour le faire cuire. Celle-ci lui répondit que c'était ainsi que sa mère le faisait cuire. Elle demanda à sa mère la raison pour laquelle les extrémités du gigot devaient être coupées. Sa mère lui répondit qu'elle avait toujours vu sa mère le cuire ainsi. Elles allèrent demander à la grand-mère la raison de ce procédé. Celle-ci leur répondit qu'elle procédait ainsi parce qu'elle n'avait pas de casserole assez grande pour faire cuire le gigot en entier!

Ce que nous devrions faire

1. En tout temps, donner l'exemple en exprimant nous-même notre vécu le plus souvent possible.

Ex.: • J'aime... Je n'aime pas...
  • Je n'ai pas peur de... J'ai peur de...
  • Aujourd'hui, je me suis senti frustré au bureau parce que...
  • Je suis soulagé...
  • Je suis peiné parce que je m'attendais à...
  • Je me sens plein d'énergie parce que...

Mon enfant aura un *modèle* d'une personne qui parle d'elle, de ses joies et de ses difficultés, et qui se dévoile. C'est souvent ce qu'il lui manque.

Il est bon de noter l'importance de ce modèle pour le père. En tant que papa, si je veux que mon fils se révèle et utilise ce moyen qu'est la parole pour communiquer ses joies et exprimer ses émotions négatives pour mieux s'en dégager, j'ai intérêt à donner l'exemple parce que c'est surtout du père que le fils prend le modèle.

2. L'accueillir et être attentif à lui, surtout s'il vit une difficulté ou s'il est troublé.

3. Lui faire sentir cette disponibilité que l'on a pour lui.

4. Ne pas essayer de détourner le problème. En parlant d'autre chose, en lui offrant de la nourriture ou en faisant une autre activité. Sinon, il sentira que ce qu'il vit est sans importance.

5. Faire de l'écoute véritable dans un état de compassion et d'acceptation. Permettre à l'enfant de s'exprimer sans le juger ou lui dire ce qu'il devrait faire ou penser (respecter sa perception).

Ex.: «Tu n'as vraiment pas aimé ta journée à l'école...»

6. - L'aider à découvrir la nature profonde, exacte de son problème. Je reflète son sentiment.

Ex.: «Tu es en colère.» «Tu t'es senti privé, négligé.»
Ou encore: «Tu as eu peur.»

- En lui projetant ce qu'il tente de vous dire (le sentiment qu'il vit), afin de l'éclairer dans ce qu'il vit. Être son miroir émotionnel pour qu'il puisse faire la lumière sur sa difficulté.

- Ceci lui permettra d'entendre ce qui fait écho en lui et qu'il ne sait pas exprimer et, ainsi, trouver les solutions appropriées à son problème.

Ex.: Enfant: «Benoît m'a traitée de folle.»
Parent: «Tu t'es sentie blessée.»
Enfant: «Oui, et je lui en veux.
Demain, je vais lui dire ma façon de penser.»
Parent: «Tu as vraiment le goût de le blesser toi aussi.»
Enfant: «Oui, et j'ai peur qu'il me frappe...»

Pourquoi écouter vraiment

D'après la théorie du Dr R.G. Hammer, «tout conflit non résolu ou non écouté devient source de maladie, de simples maux de tête par surplus de tracas et de soucis, aux difficultés digestives lors de stress, pouvant aller jusqu'au cancer lors de grands conflits émotionnels intérieurs.» D'où l'importance de devenir ce miroir émotionnel afin que la lumière se fasse sur les conflits intérieurs que vit l'enfant et qu'il ne sait pas exprimer. *L'angoisse naît dans le non-dit.*

Ex.: Julie arrive de l'école en disant: «Je ne veux plus jouer avec Catherine!» Elle lance son sac dans l'entrée. Sa mère, choquée par son comportement, lui répond:

- «Ramasse ce sac et dépose-le gentiment.»
- «Si ça ne va pas bien avec Catherine, ce n'est pas une raison pour te plaindre et lancer ton sac par terre.»
- «Calme-toi, ça ira mieux plus tard.»

Ici, la mère brime sa fille dans l'expression de ce qu'elle a vécu. Inconsciemment, elle l'empêche de définir son sentiment. Ce surplus d'énergie négative que Julie véhicule à l'intérieur d'elle va se chercher une porte de sortie, par exemple avoir une attitude négative, vivre de la rancœur ou de la colère, etc. Et si elle n'arrive pas à l'exprimer, cette énergie va se tourner contre elle (tensions, maux de tête, perte de concentration, constipation, etc.).

Quand ces énergies négatives ont la possibilité de se libérer, l'enfant peut accéder à son plein épanouissement et à son plein potentiel. C'est un véritable outil de guérison pour celui qui souffre émotionnellement et toujours un merveilleux moyen pour améliorer la relation.

L'écoute est tellement puissante que la religion catholique l'a introduite lors de cérémonies religieuses par l'entremise du confessionnal, où les gens pouvaient exprimer leurs pires conflits intérieurs en toute sécurité sans avoir peur d'être jugés (sauf par la pénitence du prêtre), mais, à leur grand soulagement, tout était pardonné.

Au contraire, la religion juive n'a pas un tel système. Ce sont les Juifs (Freud, en particulier) qui ont inventé la psychanalyse pour permettre à ceux qui ne pouvaient se libérer de leurs conflits intérieurs par manque d'écoute de se sentir compris.

Freud s'aperçut que tout conflit non résolu ou non entendu se logeait dans le subconscient de l'individu, changeait sa façon de se percevoir et l'affectait non seulement dans son estime personnelle, mais aussi dans ses rêves qui devenaient le moyen d'exprimer ses conflits. D'ailleurs, l'outil par excellence de la psychanalyse est l'écoute.

J'ÉLÈVE EN REFLÉTANT

Lorsque l'enfant exprime ce qu'il vit et que je lui reflète ce qu'il ressent en mettant des mots différents sur ce que je crois qu'il perçoit ou ressent (son sentiment ou sa pensée), j'élève son niveau de conscience. Ce qu'il vit véritablement s'éclaircit en lui. Il fait la lumière sur ce qu'il ressent ou pense. Il peut ainsi mieux voir la solution à son problème.

Ex.: Enfant: «Je ne veux plus aller à l'école. Les autres se moquent de moi.»

Parent: «On s'est moqué de toi et ça t'a humiliée.»

Enfant: «Oui! Des garçons m'ont traitée de grosse et j'avais honte.»

Parent: «Qu'on te dise que tu es grosse te blesse.»

Enfant: «C'est ça! Ça me gêne. J'aimerais bien être mince comme Émilie.»

Parent: «Tu crois que le fait d'être mince comme Émilie te rendrait plus libre?»

Enfant: «Oui, Catherine a suivi un régime l'an passé. Elle voyait une diététiste et a maigri. J'aimerais que tu m'y accompagnes.»

Reflet: être un miroir émotionnel

Revoyons le cas de Julie, à la page précédente, qui arrive en disant: «Je ne veux plus jouer avec Catherine.»

- Mère: «Tu as l'air frustrée.»

- Julie: «Oui. J'en ai assez de Catherine. Elle n'arrête pas de me copier. Elle...»

Ici, la mère fait un reflet et permet à Julie d'exprimer la vraie nature exacte de son problème, c'est-à-dire qu'elle n'aime pas que l'on fasse comme elle.

Lorsque je vais refléter à mon enfant le sentiment ou la pensée qu'il vit, et non ce qu'il exprime verbalement, il se sentira compris et aura donc probablement le goût de se dévoiler davantage.

Voici quelques exemples de débuts de phrases qui peuvent inviter à cette ouverture:

- Tu sembles...
- Tu m'as l'air...
- Cela t'a...
- Si j'ai bien compris...

Témoignage

 Les parents de Christian en avaient assez de ses crises de larmes et de ses comportements non contrôlés. Ils arrivaient très difficilement à maîtriser ses débordements lorsqu'il faisait des colères. Ils disent magique l'utilisation des reflets pour apaiser Christian en quelques secondes. Ils lui reflètent son sentiment dès qu'ils peuvent l'identifier, et se montrent compréhensifs face à ses déceptions ou frustrations.

Ex.: (selon le cas) «Tu as l'air fâché, déçu ou frustré...»

Lettre d'un prisonnier à ses parents
(ceux-ci l'invitaient à revenir à la maison à sa sortie de prison)

Chers parents,

Merci pour tout, mais je pars pour une autre ville me bâtir une vie nouvelle.

Vous vous demandez pourquoi j'ai fait ces choses qui vous ont causé tant de problèmes. Pour moi, la réponse est si facile, mais je me demande si vous allez la comprendre. Vous rappelez-vous quand j'étais petit et que je voulais que vous m'écoutiez? Vous n'aviez jamais le temps. Oh, j'étais très heureux avec toutes ces belles choses que vous me donniez à Noël et pour ma fête. Heureux pour une semaine environ, mais le reste de l'année, je ne voulais vraiment pas de cadeaux. Je voulais toute votre attention pour que vous m'écoutiez comme si j'étais quelqu'un qui ressent quelque chose également. Mais vous étiez toujours trop occupés.

Maman, tu étais un merveilleux cordon-bleu et tu avais tellement toutes les choses propres et bien rangées à la maison que tu étais très fatiguée. Mais, veux-tu savoir? J'aurais préféré des toasts avec du beurre de peanut si tu t'étais assise avec moi et m'avais dit: "Viens. Raconte un peu pour voir et peut-être je pourrai t'aider à comprendre." Et puis, quand ma sœur Louise est venue au monde, je ne pouvais comprendre pourquoi les gens faisaient tant d'éclats, car je savais bien que ce n'était pas de ma faute si ses dents étaient si blanches, ses cheveux si frisés et qu'elle n'était pas obligée de porter des verres si épais. Ses notes étaient d'ailleurs meilleures que les miennes en classe, n'est-ce pas?

Maman, si jamais Louise a des enfants, j'espère que tu lui diras de porter de l'attention à celui qui ne rit pas très souvent, car ce dernier pleure à l'intérieur. Et quand elle se préparera comme tu le faisais si bien à cuire ses petits gâteaux, dis-lui de se demander avant si son enfant ne veut pas lui raconter un rêve, un espoir, un projet, car des enfants, ça pense aussi, même s'ils n'ont pas tous les mots pour le dire. Si vous, mes parents, m'aviez dit "Excuse" en m'interrompant, je serais tombé mort d'étonnement.

Maman, papa, si jamais quelqu'un vous demande où je suis, dites-lui que je suis parti à la recherche de quelqu'un qui a du temps. Car j'ai beaucoup de choses dont je voudrais parler.

Avec beaucoup d'amour pour vous,
Votre fils.

(Tiré d'un extrait d'une conférence de Jean-Marc Chaput donnée à la Place des Arts.)

L'ÉCOUTE VÉRITABLE
DES COMPORTEMENTS

On se rappelle qu'écouter vraiment, c'est reconnaître ce que vit l'autre.

Il arrive parfois que certaines émotions des enfants ne soient pas exprimées verbalement parce que, comme nous l'avons dit, ils ne savent pas mettre des mots sur leurs sentiments. En effet, beaucoup d'enfants n'ont pas de vocabulaire pour exprimer leurs émotions: peine, déception, frustration, rejet, ennui.

L'enfant qui ne sait pas exprimer ses sentiments développe des comportements qui, tout comme les mots, miment les émotions vécues intérieurement.

Ex.: • Bouder.
   • Frapper.
   • Pleurer.
   • Crier.
   • Se replier sur soi-même.
   • Se chamailler avec ses frères et sœurs.
   • S'isoler.

Il est donc bon que le parent mette des mots sur les comportements de son enfant, pour qu'il n'ait plus à s'exprimer par ces moyens désagréables.

Ex.: Fabien arrive à la maison et bouscule avec arrogance sa sœur cadette. Son père, voyant son fils aussi agressif sans aucun prétexte évident, lui fait un reflet du sentiment que son fils vit possiblement en ce moment: «Tu as l'air vraiment frustré.»

Ceci permettra peut-être à Fabien de mettre un mot sur ce qu'il vit. Fabien confirmera probablement à son père sa frustration ou clarifiera la véritable émotion, le vrai événement.

Ex.: Confirmation: Oui, je suis fâché parce que...
   Éclaircissement: Non, ce n'est pas ça, j'ai de la peine parce que...

L'enfant ne se sent pas mieux que vous dans ces comportements dérangeants. Il est lui-même mal à l'aise avec ce sentiment
qui l'affecte, lui, en premier. Mais il n'a jamais appris une autre
façon de l'identifier et de l'exprimer afin de s'en libérer. Sa seule
façon de s'en dégager momentanément est de le mimer. À vous de
l'interpréter afin de l'aider à s'en libérer et de lui montrer une autre
façon de l'exprimer.

Plus l'enfant aura de sentiments non identifiés à l'intérieur de
lui, plus ils s'entremêleront, et à force de s'entremêler, l'enfant ne
saura plus ce qu'il vit.

Rien n'est identifié clairement. Tout se mélange et prend une
coloration par rapport à l'émotion dominante (la plus souvent
vécue). Ex.: tristesse ou insécurité qui s'expriment sous forme de
frustration intérieure ou extérieure dans l'incapacité d'identifier
l'émotion qu'il vit.

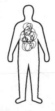

*Sentiments
non identifiés,
enchevêtrés.*

Moi, je mets des mots sur ce qu'il vit afin qu'il puisse l'identifier, le nommer.

Ex.: L'enfant est maussade: Tu es triste parce que Gabriel est
parti.
L'enfant bouscule sa sœur: Tu es fâché parce qu'elle t'a
pris ton jouet.
L'enfant boude: Tu es déçu parce que je t'ai refusé cette
permission.

Sentiments identifiés.

L'ÉCOUTE VÉRITABLE DES MAUX

Les maladies des enfants

L'enfant qui a du «mal à dire» ce qu'il vit a de fortes chances de développer des maladies, d'où l'importance de mettre des mots sur ce qu'il vit avant qu'ils se transforment en maux.

Comme nous l'avons vu précédemment, les conflits intérieurs non exprimés verbalement se manifestent en énergies négatives. Ces énergies se doivent d'être exprimées verbalement.

Ex.:
- Je suis tellement désespéré.
- Je me sens rejeté.
- J'ai tellement de peine.
- Je ne me sens pas à la hauteur.
- Cela me gêne quand...
- Cela m'irrite d'avoir à...

Sinon, ces énergies négatives vont tenter de s'exprimer sous forme de comportements dérangeants. Et si le message n'est pas perçu, identifié, ces énergies vont se déverser dans l'individu et créer des perturbations. Les mots qui ne se sont pas fait entendre deviennent des maux.

Il peut être très enrichissant pour les parents d'être plus attentifs aux maux de leurs enfants. Souvent, ces maux cachent un événement ou un passage difficile.

Combien de fois les enfants se sont réveillés le matin avec des maux de ventre ou, parfois, de la fièvre la veille d'un examen pour lequel ils ne se sentaient pas prêts ou parce qu'ils ne voulaient pas aller à l'école par peur d'un camarade. Combien d'enfants ont développé des migraines à cause de pressions exercées par leur milieu familial ou scolaire et, parfois, par eux-mêmes qui se mettent trop d'exigences sur le dos dans le but d'être plus aimés de leurs parents.

- J'aide mon enfant actuellement à se dégager de ses énergies négatives.
- Je m'aide moi aussi en permettant à mon enfant de ne pas accumuler de conflits intérieurs qui vont

s'additionner; ceci me permettra de vivre avec un enfant équilibré, en harmonie avec lui-même, plutôt que de vivre avec un enfant complexé et envahi par des problèmes.

Les causes des maux

1. Le bagage héréditaire génétique

Il y a plusieurs causes et plusieurs facteurs pouvant entraîner des maux. Nous devons tenir compte de notre bagage héréditaire. Si je suis issu de parents en santé et d'une bonne constitution, j'ai de grandes chances d'avoir une excellente force vitale.

Si, au contraire, un de mes parents est asthmatique de naissance et que l'autre ne digère à peu près rien, j'ai de fortes chances d'avoir des points faibles du côté organique dont j'aurai hérité de mes parents: un système respiratoire faible ou un système digestif fragile, ou les deux.

En prenant conscience de mon bagage héréditaire, je me dois de faire attention aux systèmes ou aux organes qui pourraient être plus fragiles chez moi ou chez mes enfants.

Il arrive que nous voyons les petits enfants hériter des faiblesses organiques de leurs grands-parents. Comme si cette faiblesse sautait une génération. Donc, il est possible pour des parents de mettre au monde un enfant asthmatique si un des grands-parents l'était, parce que le parent portait le gène mais ne l'a pas développé. Par contre, il l'a transmis. Il faut faire attention aux antécédents médicaux de la famille et orienter notre mode de vie en fonction de ces faiblesses qui, souvent, sont transmissibles.

2. Le bagage héréditaire comportemental (tempérament)

Malheureusement ou heureusement, nous n'héritons pas seulement des faiblesses ou des forces physiques de nos parents. Nous portons aussi en nous une partie de leurs comportements, de leurs façons d'agir. D'une famille colérique naîtra probablement des enfants colériques. D'une famille pacifique naîtra probablement des enfants pacifiques. Mais ce n'est pas une règle, c'est une tendance. Parfois, les gens semblent en paix et explosent à l'intérieur. Ils ne peuvent exprimer cette colère parce que leur parent colérique les empêchait de s'exprimer.

On ne peut changer un comportement qu'en l'acceptant d'abord. Ensuite, on peut l'améliorer et même s'en dégager. Un comportement peut être cause de stress et d'inacceptation et, de là, cause de maux.

3. L'identification au parent

Plus l'enfant est jeune, plus il s'identifiera sur le plan des sensations au parent qui s'occupe de lui. Il s'y identifiera tellement qu'il percevra toutes les sensations vécues par lui.

Ex.: Une mère est fatiguée et en a assez de faire boire son enfant. Ce dernier ne boira pas bien dans ses bras. Il boira mieux dans les bras de l'autre parent ou d'une voisine qui est mieux disposé à ce moment.

Le bébé perçoit les états d'un de ses proches, mais comme il n'a pas d'identité, il croit que c'est lui qui vit ces états d'âme et reste coincé avec eux puisqu'il ne peut les exprimer.

Si la mère est tendue lorsqu'elle a un contact quelconque avec son enfant, ce dernier percevra cette sensation et se contractera. Comme répercussion physique, le bébé sera constipé en s'identifiant au parent. Alors, la mère s'inquiétera, se contractera encore plus, et le bébé sera encore plus constipé.

Il est important que les parents ne tentent pas de cacher leurs états d'âme aux tout-petits, puisque ceux-ci les ressentent et s'en imprègnent. Les parents peuvent exprimer leurs états d'âme en disant à leurs enfants que ce sont eux qui vivent ou ressentent tel ou tel état d'âme.

Ex.: • «Je suis triste parce que... Ce n'est pas toi qui es triste.»
 • «Tu sais, quand j'étais enceinte de toi, j'avais peur de... Toi, tu n'as pas à avoir peur. Cette peur, elle m'appartient.»

Ce dialogue est très libérateur pour l'enfant qui n'a d'autre choix que de s'identifier à son parent, puisque c'est lui qui va presque tout lui apprendre. Le meilleur moment pour dialoguer est lors du premier sommeil, quand l'enfant vient de s'endormir. À ce moment, nous pouvons tout lui révéler ce que nous n'avons pu lui dire à l'état éveillé. *L'enfant, à ce stade de début de sommeil, est ouvert et va peut-être pour la première fois comprendre pourquoi il se sent ainsi.*

Ex.:

Mère: Tu sais, quand je t'ai porté, j'ai vécu du rejet de la part de ton père et de mes parents qui n'acceptaient pas les conditions de ma grossesse. Mais moi, je t'ai toujours désiré. Le sentiment de rejet que tu ressens m'appartient parce qu'à ce moment, je n'avais personne à qui me confier et j'ai tout gardé à l'intérieur de moi. Je ne savais pas que cela t'affecterait.

Père: Quand ta mère était enceinte de toi, j'étais très en colère parce que le moment était mal choisi. Je venais de perdre mon emploi et je me sentais responsable d'elle et de toi qui allais venir au monde. Je me sentais incapable d'assumer cette responsabilité, mais cette colère que je déversais sur toi et ta mère m'appartient, et ce sentiment de responsabilité m'appartient aussi.

L'enfant ressent toutes les émotions de ses parents, que ceux-ci essaient de les cacher ou non. Si le père est frustré par son travail et qu'il est en colère contre lui-même ou la compagnie pour laquelle il travaille et qu'il tente de camoufler cette frustration, l'enfant va la percevoir et la ressentir. Et, selon son âge (s'il est tout petit), l'enfant va s'identifier à cette colère. Il démontrera une colère que le père refoule. S'il a l'âge de raison, il peut ressentir ce que son père cache derrière sa joie, c'est-à-dire de la colère. L'enfant ne saura plus s'il doit rire ou crier; alors, il rira en criant, en tentant d'exprimer la colère que le père vit, qu'il a fait sienne, en la ressentant et en l'identifiant aux émotions du père.

4. L'enfant, ne pouvant exprimer clairement ce qu'il vit par des mots, l'exprimera par des maux

D'où l'importance d'apprendre les mots (mettre des mots sur les émotions que vit l'enfant) et d'écouter véritablement vos enfants.

Tous les malaises qui ne peuvent s'exprimer sont la cause première des maux et des comportements dérangeants des enfants. Et ce n'est pas si facile que cela d'identifier le malaise d'un enfant qui n'a pas les mots pour dire ce qu'il vit. C'est comme demander à un aveugle de comprendre un sourd-muet. Il ne parle pas le même langage. Nous devrions nous dire: «Qu'est-ce qu'il tente d'exprimer par ce mal de ventre, par ces crampes aux jambes?» N'oublions pas que, quand nous sommes malades, nous les adultes, c'est souvent à la suite de conflits et d'accumulation de stress. *Puis vient le mal-être, ensuite le «mal-aise»*. Pourquoi en serait-il autrement pour nos enfants?

On dit «un esprit sain dans un corps sain». Il ne faut pas oublier l'hygiène de vie, la nourriture, le sommeil, l'environnement. Mais, plus encore, il ne faut pas oublier que l'enfant développe son système immunitaire en attrapant un rhume par-ci, une fièvre par-là. C'est normal. Toutefois, des rhumes à répétition, des otites trois ou quatre fois par année, ou encore des maux de ventre tous les soirs cachent sûrement quelque chose d'autre dont il faudra s'occuper.

Je suis malade

J'ai *mal à... de...*
J'ai *mal à... de* ne pas combler mon besoin...
J'ai *mal à...* l'âme *d'*être incompris.
J'ai *mal à...* la tête *de* me juger.
J'ai *mal à...* l'être *de* me culpabiliser.
J'ai *mal à...* l'estomac *de* toujours avoir à me forcer.
J'ai *mal aux* oreilles *de* ne pas vouloir entendre.
J'ai *mal* à la gorge *de* tout vouloir taire.

Alors, on dit: «Je suis malade.» Mais je suis malade de quoi, de qui, et pourquoi garderais-je ce mal-être à l'intérieur de moi?

Voici quelques pistes pour être plus vigilant face aux maux.

Si l'enfant:
- n'est pas compris ou qu'on ne répond pas à ses besoins de sécurité. Il étouffe, a des problèmes de respiration, se replie sur lui-même;

- a trop de limites, subit trop d'exigences et ne se sent pas à la hauteur de ces dernières (mauvaise digestion). Cette mauvaise digestion bloque la joie, et le manque de joie bloque les intestins (pensée agitée);

- n'a pas la chance de parler, n'est pas écouté vraiment, ou encore qu'on ne tient pas compte de ce qu'il dit (amygdalites à répétition). À surveiller aussi qu'il ait pris trop ou pas assez d'antibiotiques. Si c'est trop, son système immunitaire ne fonctionnera plus;

- entend des choses négatives sur lui ou de quelqu'un qu'il aime, ou n'entend que de la discorde. Il se bouche les oreilles par des (otites);

- ne se sent pas accepté à part entière, se sent rejeté ou abandonné, n'est pas assez caressé, cajolé (maladies de peau: eczéma, psoriasis, urticaire). Il se dit: «Je ne suis pas inclus, je n'ai pas une relation d'égal à égal avec mes parents.»;

- a trop de responsabilités trop jeune, ou alors s'il se sent coupable et responsable de tout (migraines incompré-hensibles);

- a des parents trop autoritaires qui essaient de le former à leur image, ou qu'il n'aime pas ce qu'il voit autour de lui (myopie);

- a un milieu familial trop irritant, sent des tensions négatives. S'il ne se sent pas assez libre dans son espace personnel, il risque de faire des (sinusites);

- ne peut exprimer ses colères, c'est-à-dire ses frustrations par rapport à un manque (agitation nerveuse extérieure à cause du mauvais fonctionnement du cœur et du foie, donc insomnie);

- est étouffé par un parent trop envahissant, trop étouffant, qui lui impose trop de limites ou qui l'aime trop (maladies des poumons, asthme).

Les maladies nous parlent. Si on sait les écouter, elles nous diront beaucoup de choses.

SIXIÈME MOYEN
LA RESPONSABILITÉ

COMMENT DÉVELOPPER
MA RESPONSABILITÉ DE PARENT

La responsabilité, c'est la capacité de prendre en charge, d'assumer et d'exécuter une fonction, une tâche, un projet.

Aussi, être responsable, c'est veiller à son bien-être en fonction de ses propres capacités. C'est prendre en charge son bien-être et sortir de l'attente que quelqu'un d'autre le fasse à notre place. Comme adulte, je dois sortir de mon enfance et faire tout en mon pouvoir pour satisfaire et combler mes besoins par goût et par choix. Je m'aime, donc je me choisis et me comble.

En tant que parent, je me dois aussi de voir au bien-être de mon enfant qui est dépendant de moi, n'ayant pas encore développé toutes ses habiletés pour subvenir à tous ses besoins. Je dois le combler jusqu'à ce qu'il ait la capacité de se combler lui-même. *Je dois l'élever jusqu'à ce qu'il puisse lui-même prendre la responsabilité de s'élever. À ce moment, je suis responsable.*

Pour vivre ce bien-être, il nous faut, comme individu responsable de nos enfants, répondre à leurs besoins vitaux, ce qui contribuera à amplifier en nous ce bien-être, puisque notre enfant pourra s'épanouir, se réaliser et enrichir notre propre vécu. Je le fais pour moi, je le fais pour lui, et cela me donne de la satisfaction. *Ainsi, je veille à mon bien-être (ce qui aura forcément un impact positif sur mon enfant).*

Voici quelques pistes qui vous guideront dans cette prise en charge de votre rôle de parent.

Piste 1: Les besoins des enfants

Ma première responsabilité de parent est d'aimer mon enfant, puis de répondre à ses besoins vitaux, fondamentaux et comportementaux. Connaître ses besoins et appliquer les pistes qui s'y rattachent vous assurera du plein épanouissement de votre enfant, puisqu'il se sentira nourri, comblé. N'étant pas en manque, il pourra ainsi concentrer ses énergies à se réaliser pleinement. Il se sentira bien et donc je me sentirai bien.

Il me faut comprendre que c'est moi, en tant que parent, qui ai le bonheur d'initier mon enfant et de lui faire acquérir toutes ses habiletés afin qu'il puisse un jour devenir cet «être réalisé».

Voici donc, dans leurs grandes lignes, ces huit besoins à combler chez votre enfant.

1. Besoin d'avoir la sécurité

Il a besoin:

- d'être accueilli avec joie et acceptation;
- que je lui procure la nourriture nécessaire à sa bonne croissance;
- que je lui dise ce que je fais pour lui;
- que j'entre en contact avec lui (toucher, regard approbateur et complice);
- d'avoir la certitude que j'aime m'occuper de lui;
- d'avoir la certitude qu'il est aimé de moi, quelle que soit la circonstance (colères du parent, punition, etc.).

Ce qui le sécurise aussi:

- le fait de savoir que je suis là pour lui;
- une certaine constance dans mes interventions;

- une certaine constance dans les interventions des deux parents.

De cette façon, il se sentira aimé, accepté et donc en sécurité.

2. Besoin d'être gratifié

Il a besoin:

- que j'apprécie ses initiatives;
- que je lui exprime aussi cette appréciation par des gestes, regards et touchers bienveillants;
- que je remarque la partie faite et non la partie non faite de ses entreprises;
- que je lui révèle l'impact positif qu'ont sur moi et sur les autres certaines de ses actions.

Il a grandement besoin d'être gratifié avec enthousiasme, afin de maintenir son goût de la découverte et développer de la détermination dans tout ce qu'il entreprend.

3. Besoin d'avoir la satisfaction du parent

Il a besoin:

- que je lui démontre l'émerveillement et la joie qu'il me procure;
- que je lui exprime verbalement que je suis satisfait de lui, sans critiquer, sans comparer;
- de voir que sa présence, sa personne, son être, me comblent pour sa raison d'être et non pas en fonction de ce que j'attends de lui;
- de ressentir toute la joie que me procurent ses apprentissages.

Cet état de satisfaction de l'enfant, confirmé par le parent, lui permet de poursuivre son développement dans un climat de joie, d'harmonie et de décontraction. Cela permet à l'enfant de développer un sens critique constructif et d'avoir un bon jugement. L'enfant qui reçoit la satisfaction de ses parents apprend à être satisfait de lui.

4. Besoin d'être compétent, d'expérimenter

Il a besoin:

- que je lui laisse la possibilité d'expérimenter au maximum de ses possibilités;
- que je lui dise mon admiration pour ses points forts;
- que je lui démontre aussi cette admiration par un geste, un regard, une tape dans le dos (amicale);
- d'être épaulé par moi: que je lui démontre que je le soutiens dans ses difficultés, en le guidant et en étant son complice.

Si le parent encourage l'enfant, le valorise, celui-ci se sentira admiré et élevé par le parent. Il ressentira: «Je suis quelqu'un, on me permet de...» Cette admiration du parent lui permet de prendre de l'assurance et de développer son estime personnelle.

5. Besoin d'avoir la compassion du parent

Il a besoin:

- que je lui démontre qu'il peut compter sur «ma présence à lui» et ma considération envers ses problèmes;
- que je lui démontre et lui exprime mon ouverture inconditionnelle, peu importe ce qu'il vit;
- que je lui laisse «sa responsabilité» par rapport à ce qu'il vit.

Par ces attitudes, il ressent la compassion du parent (se sent compris). Cela lui apporte une grande ouverture sur la vie. Il a de la facilité à communiquer avec les autres, puisqu'il développe son esprit de collaboration et de partage. Là, son sens des responsabilités peut atteindre son plus haut niveau.

6. Besoin d'être important

Il a besoin:

- que je l'écoute véritablement;
- que je lui accorde une attention particulière et du temps relationnel;

- que je remarque et lui donne de l'attention quand j'aime ce qu'il fait;
- que je lui dise qu'il est important pour moi.

Là, il se sent important. Il se dit: «Je suis important, on m'écoute.» Cela favorise chez lui une plus grande facilité à se révéler, à exprimer ce qu'il vit. Cela favorise aussi une meilleure compréhension de lui-même et des autres ainsi que leur respect.

Il est primordial que l'enfant garde ce sentiment d'importance pour développer son estime personnelle et c'est nous, en tant que parents (les personnes les plus déterminantes pour lui), qui pouvons encourager ce besoin de se sentir d'une grande valeur. Il a besoin de savoir qu'il compte à nos yeux.

7. Besoin d'avoir l'acceptation, la reconnaissance

Il a besoin:

- que je lui démontre mon acceptation de ce qu'il est, sans condition;
- que je sois patient et tolérant face à ses apprentissages;
- que je lui dise que je l'aime et que je l'accepte inconditionnellement.

Il a besoin de cette acceptation inconditionnelle pour apprendre à s'accepter tel qu'il est. Ainsi, il développera une grande confiance en lui et en la vie.

8. Besoin de l'humilité du parent

Il a besoin:

- que je casse cette image du Dieu qui sait tout et qui ne fait jamais d'erreur;
- que je lui avoue mes torts et que je m'excuse s'il y a lieu;
- que je lui donne l'exemple dans l'*expression* de mes conflits;
- que j'aie la flexibilité de revenir sur une décision si une autre est plus appropriée.

Cela développera chez l'enfant une grande humilité et il ne cherchera pas à s'imposer. Aussi, il acquerra une grande flexibilité d'esprit.

Récupération

Comment me reprendre si je n'ai pas comblé un besoin

Si je m'aperçois que mon enfant n'est pas bien, que je n'ai pas, souvent faute de connaissances ou de conscience, comblé un de ses besoins, ou si je le vois inquiet, véhiculant des peurs ou peu sûr de lui, peu intéressé, soumis, arrogant, jaloux, ou encore s'il se confie peu, il m'est possible de récupérer ce manque en reprenant et en appliquant les pistes énoncées face aux besoins.

Pour cela, il vous faudra voir votre enfant comme un tout-petit face aux manques qu'il vit. *Quand je récupère, je ne tiens pas compte de l'âge physique actuel de mon enfant, mais de son âge comportemental,* si je veux que mes interventions soient comprises et aient de l'impact sur lui.

Alors, agissez et ayez à l'esprit (ceci est très important): mon enfant a 5 ou 14 ans, mais dans ce domaine, il se comporte comme un enfant de 3 ans. Ne portez pas intérêt à ce qui n'est pas acquis par rapport à l'âge de l'enfant.

Agissez à partir de maintenant, en lui permettant de développer ses aptitudes, petit à petit, tout en comblant son besoin déficient. J'agis avec cet enfant de 5 ou 14 ans comme j'agirais avec un enfant de 3 ans dans le but de lui permettre d'atteindre son potentiel et de se développer émotivement.

Ce qu'il faut retenir face aux besoins des enfants

- Je le nourris extérieurement: je réponds à ses besoins, je le comble en appliquant les pistes suggérées.
- Je le nourris intérieurement: je lui dis ce que je fais pour lui et ce qu'il est pour moi.
- Un besoin est vital: il est donc impossible de gâter un enfant en répondant à ses besoins.

- Plus un enfant est petit, plus on doit l'élever (en mettre). Plus il est grand, moins on en met, sauf si je dois récupérer.
- Pour répondre aux besoins, je tiendrai compte de la maturité de l'enfant. Je ne dirai pas «Tu aimes ta bonne soupe?» sur un ton enfantin à un adolescent. Je mets beaucoup d'emphase, mais je n'oublie pas que je m'adresse à un adolescent.
- Il est important de différencier besoin et désir: un besoin n'est pas un désir.
Un besoin vient de l'intérieur; j'ai besoin de repos.
Un désir vient de l'extérieur; j'ai le goût d'aller à Hawaï.

Ex.:	
Besoin de manger	Désir de manger de la pizza
Besoin de complicité	Désir qu'on fasse à ma place
Besoin de m'amuser	Désir de rester à la garderie
Besoin de me déplacer	Désir d'avoir une voiture

Piste 2: La vigilance

Le parent responsable de son bien-être et de celui de son enfant est vigilant (conscient), par rapport à sa façon de percevoir son enfant.

Être vigilant, c'est être conscient de la façon que je:

- perçois mon enfant. Suis-je un détecteur de potentiel et de capacités, ou un détecteur de fautes?
- m'adresse à mon enfant, du ton sur lequel je m'adresse à lui. Ai-je un ton d'acceptation ou de rejet?

Cette vigilance que j'exerce sur moi va me permettre d'éviter beaucoup de conflits présents et futurs, puisque c'est moi qui définis mon enfant par la projection que je lui renvoie.

Tout comme la vigile qui surveille l'ennemi, le parent responsable surveille sa pensée.

D'abord, au lieu de ne détecter que les défauts de mon enfant, les habiletés qu'il n'a pas encore acquises, je vais, comme nous l'avons vu au Deuxième moyen, apprendre à détecter son potentiel présent, ses qualités et ses capacités en développement.

Puis, au lieu de détecter ses fautes, je vais m'efforcer à déceler, dans ses comportements qui me dérangent, ses besoins qui ne sont pas comblés, son potentiel qui n'est pas encore développé, ses incapacités actuelles ou ses limites.

Pour y arriver, je devrai changer ma perception et ma vision, face à ce qu'est mon enfant. Je devrai prendre conscience que mon enfant est un être en évolution et non un être ayant complété son évolution. Parce que *mes attitudes découleront de ma façon de percevoir* mon enfant et ses comportements.

DÉTECTEUR DE BESOINS, DE QUALITÉS ET DE CAPACITÉS EN DÉVELOPPEMENT VERSUS DÉTECTEUR DE FAUTES

Le parent ne peut avoir deux visions en même temps:

- • percevoir le beau chez son enfant (aimer vraiment),
  ou
- • percevoir les fautes de son enfant (ne pas l'accepter).

Le détecteur de fautes

Sa perception: Il se dit: «Il est méchant, il ne m'écoute pas, il est désordonné, irresponsable, paresseux, indifférent, égoïste, menteur, voleur...»

Les répercussions de cette perception

Sa pensée: Il juge, compare, étiquette.

Ses sentiments: rancune, colère, irritation, déception, tristesse, découragement, sentiment d'impuissance, peurs, culpabilité, épuisement. Il n'a plus la paix et ne se sent pas bien dans la relation avec son enfant.

De cette perception, de ces pensées et de ces sentiments découleront les façons d'agir suivantes:

Ses attitudes: impatience, intolérance, morale, cris, jugements, comparaisons, sévérité, exigences, pression, harcèlement, etc.

Son ton: le rejet.

Il transmet: «Tu n'es pas aimé comme tu es.»

Le détecteur de besoins, de qualités et de capacités en développement

Sa perception: Il voit son enfant comme différent, comme n'ayant pas développé tout son potentiel. «Je comprends le but de son action. Ce n'est pas pour mal faire. C'est pour combler le besoin de... il a besoin de complicité, d'être apaisé, écouté, sécurisé, etc.»

Les répercussions de cette perception

Sa pensée: Il aime, ne compare pas, accepte.

Ses sentiments: compréhension, enthousiasme, tolérance, acceptation.

De cette perception, de ces pensées et de ces sentiments découleront les façons d'agir suivante

Ses attitudes: bienveillance, patience, tolérance, complicité, considération, écoute véritable, élévation, détecte et comble les besoins de l'enfant.

Son ton: l'acceptation.

Il transmet: «Tu es aimé comme tu es.»

Piste 3: Le radar

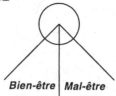

Bien-être | *Mal-être*

Il n'y a pas de recette toute faite pour élever vos enfants. En effet, vu le type de parent que vous êtes et le type d'enfant que vous avez, il est impossible, quand vous vivez une difficulté, de déterminer quelle intervention précise serait la plus appropriée. Cependant, à la lumière de tous les moyens que nous vous proposons, vous seul êtes capable d'évaluer la qualité de vos interventions. Votre recette, c'est le bon sens et l'écoute de votre cœur. Vous êtes créateur.

Le parent responsable de son bien-être utilise un radar pour détecter le climat d'harmonie ou de dysharmonie.

Je constate la dilatation (bien-être)...

Quand le parent se sent bien dans son intervention, quand il se sent juste et adéquat, il vit et constate la dilatation, le bien-être. À ce moment, il est aussi en mesure de détecter l'impact sur son enfant.

- Ici et maintenant, je me sens bien, en paix, élevé, cela me donne de l'énergie.

- Ici et maintenant, mon enfant se sent aimé de moi.

Je constate la contraction (tension)...

Mais si, au contraire, mon radar intérieur constate de la contraction, un mal-être, de la tension, il y a de fortes chances que mon intervention soit inadéquate, irrespectueuse. Ai-je attendu trop longtemps avant d'intervenir? Ou est-ce que je ne connaissais pas d'autres façons d'intervenir?

- Ici et maintenant, je me sens mal, je m'abaisse moi-même, j'ai peur, je me draine de mes énergies.

- Mon enfant ne se sent pas aimé de moi, reconnu, soutenu, épaulé par moi.

Harmonie ou dysharmonie

Lorsqu'il détecte de l'harmonie, le parent responsable se dit:
«Je me sens bien et mon enfant se se sent bien, je continue à agir dans ce sens.»

Lorsqu'il détecte de la dysharmonie, le parent répond adéquatement à la situation, c'est-à-dire qu'il lâche prise à ses réactions négatives et emploie un autre moyen d'intervention pour se permettre de vivre un mieux-être avec son enfant.

Ex. (selon le cas):

- Il pratique l'escalier de l'apprenti-«sage».
- S'il vit une colère blanche, il exprime tout de suite sa frustration en «je».
- Il répond au besoin déficient de son enfant, (voir «Les besoins des enfants», page 150).
- Il détecte le potentiel plutôt que les fautes.
- Il parle du positif plutôt que du négatif.
- Il parle de l'initiative plutôt que du résultat (si l'attente n'est pas comblée).
- Il emploie une ou l'autre des pistes vues jusqu'à maintenant.

MODE D'EMPLOI POUR ENCADRER MON ENFANT

Pouvoir et autorité

Écouter, comprendre et combler les besoins vitaux de base de votre enfant sont des moyens sûrs pour lui permettre de se réaliser.

Il ne faut cependant pas oublier un autre élément de votre rôle de parent: l'encadrement de votre enfant, afin de lui fournir des balises, des structures qui lui permettront de se sentir en sécurité avec vous. L'enfant ressent consciemment ou inconsciemment, même s'il ne veut pas toujours l'avouer.

- Il m'aime puisqu'il m'interdit ceci ou cela parce que cela représente un danger pour moi ou peut me nuire.
- Il est ferme et je sais à quoi m'en tenir avec lui.
- Je sais qu'il voit à mon bien-être.

En raison de son peu d'expérience de la vie, l'enfant n'a pas conscience des dangers qui le menacent ou des effets nuisibles immédiats ou à long terme de certains de ses comportements.

Ex.:
Pour un petit enfant:
- Des heures de sommeil nécessaires à un bon repos.
- Le type d'alimentation approprié à une croissance saine.
- Le danger de jouer dans des endroits dangereux.
- Le danger de jouer avec le feu.

Pour un adolescent:
- Rentrer à la maison seul, d'un endroit très éloigné et à des heures tardives.
- L'impact psychologique de vivre des relations sexuelles trop jeune, de vivre un avortement ou d'élever un enfant sans la maturité et les moyens physiques et financiers nécessaires.
- Visionner des films trop violents ou à caractère dégradant (obscénités, pédophilie, etc.).

Voici un guide qui vous orientera et consolidera vos actions en vue de la prise en charge adéquate de votre responsabilité de parent.

Comme parent, je dois guider mon enfant et être son complice dans ses manques de connaissances et d'expériences. Je dois aussi être ferme et dire «les vraies affaires» par rapport aux limites que je lui impose.

À l'exemple d'une rivière avec des rives (balises), je me dois de contenir l'eau (le tempérament de mon enfant) afin de le guider du point A au point B (B étant son bien-être), afin de lui donner une direction qui favorise des valeurs saines et une vie harmonieuse.

Quand et comment puis-je utiliser mon pouvoir, mon autorité et être un parent-guide et complice de mon enfant?

Le pouvoir

Je peux (et c'est mon devoir) utiliser mon pouvoir total sur mon enfant quand, lors de certains événements ou par rapport à certains de ses comportements, il y a du danger.

Jamais ailleurs que lorsqu'il y a du **danger** ou une **urgence**.

Comment puis-je utiliser ce pouvoir sur mon enfant?

Puisqu'il y a danger, je prends moi-même l'initiative d'intervenir et j'assume totalement la responsabilité de mon action.

Ex.: • Mon jeune enfant de trois ans joue dans la rue. Je vais le chercher et l'amène dans un endroit plus sécuritaire pour lui.
• Mes enfants se battent. Je les sépare.
• Mon enfant joue avec le feu ou des objets dangereux. Je lui enlève ces objets.
• Mon adolescent de 12 ans veut se rendre seul à une soirée dans une ville voisine, où il y aura surtout des jeunes de 16 ou 17 ans, et je sais qu'il n'y aura aucune surveillance. Je lui refuse cette permission.

«La vraie affaire»

Je dis à mon enfant que j'interviens parce que c'est ma responsabilité et *je lui confirme mon amour*. C'est cela la vraie raison de mon interdiction, en plus du danger.

Ex.: «Ce serait terrible pour moi s'il t'arrivait quelque chose de difficile à vivre.»

«La vraie affaire», ce n'est pas parce qu'il est méchant ou parce qu'il ne m'écoute pas (parler de l'autre en «tu»). C'est parce que *j'ai une responsabilité envers lui*, celle de voir à son bien-être comme parent, *ainsi qu'une responsabilité envers moi*, envers mon désir de ne pas lui faire vivre une souffrance.

L'autorité

Quand puis-je utiliser mon autorité sur mon enfant? Je peux et je dois utiliser *ce droit à l'obéissance* quand le comportement de mon enfant peut lui nuire présentement, avoir une répercussion négative à long terme (plus tard) ou quand ce comportement peut me nuire, nuire à ses frères et sœurs ou à d'autres.

Jamais ailleurs que lorsqu'il y a une **nuisance.**

Ex.:
Nuisance pour lui:
- Heures de coucher trop tardives.
- Aliments malsains pour la croissance.
- Devoirs et leçons non faits.
- Heures de rentrée tardives.
- Trop de télévision.

Nuisance pour les autres:
- Me donnera du ménage supplémentaire à faire.
- Il y a un prix à payer.
- J'ai besoin de temps, de repos.
- Empêche un autre de se détendre.

Comme parent-guide: J'explique la raison de mon intervention.

«La vraie affaire». Je lui dis: «Je suis ferme. C'est mon rôle de parent.»

Ex.: Le père de Maxim est inquiet pour son fils qui aime regarder la télévision plusieurs heures par jour. Il décide d'intervenir. «Je vois que tu aimes regarder la télé (*écoute, acceptant les goûts de son enfant*) et c'est correct. Cependant, cela m'inquiète pour ta croissance (la vraie raison de mon action) que tu passes autant d'heures par jour assis devant la télé. Ceci est nuisible pour toi parce que tu as aussi besoin de bouger, de faire de l'exercice, de bricoler, de créer, etc. (explication de la nuisance). Tu peux faire le choix de tes émissions préférées, mais le temps de ces émissions ne devra pas dépasser deux heures par jour la semaine et quatre heures par jour la fin de semaine (selon l'âge de l'enfant et les valeurs du parent).»

Utiliser son autorité versus être autoritaire

Quand j'utilise mon autorité, je dois être ferme mais pas désagréable. L'enfant peut percevoir l'urgence ou l'importance de ma demande dans ma voix.

Le parent autoritaire impose son pouvoir, sur un ton autoritaire. Il est sévère, exigeant, parle fort, fait des colères, crie pour tout et pour rien, hurle, ne dit pas «les vraies affaires» et ne tolère pas la contradiction. *Il a beaucoup moins d'influence pour se faire écouter, puisque l'enfant ne peut faire la différence entre ce qui a vraiment de l'importance et ce qui en a moins, son langage étant toujours sur le même ton.*

Je mets l'importance à sa place

POUVOIR = DANGER
Ex.: • Joue dangereusement avec le feu ou un couteau.
   • Tape sa sœur.
   • Dit des paroles blessantes à son frère.

Ton très ferme

AUTORITÉ = NUISANCE
Ex.: • Rentre à la maison à des heures tardives.
   • Ne fait pas ses devoirs et ses leçons.
   • Refuse d'aller se coucher.

Ton ferme

GUIDE ET COMPLICE
Ex.: • Ne tire pas la chasse d'eau.
   • Ne range pas sa vaisselle.
   • Ne range pas ses vêtements dans sa chambre.

Ton bienveillant

PERMISSIONS... PUNITIONS

À l'occasion de nos ateliers pour développer l'habileté à devenir parent-guide, parent-complice, plusieurs parents nous confient qu'un de leurs objectifs est d'avoir un guide pour les orienter lorsque leurs enfants demandent une permission. Devrais-je dire oui ou non dans telle ou telle circonstance? Ils nous demandent aussi: Devrais-je le punir dans telle ou telle situation? Ma punition était-elle trop forte par rapport à l'action qu'a faite mon enfant? Quel genre de punition devrais-je donner dans tel ou tel cas? Voici un guide qui vous orientera à l'occasion de ces prises de décisions.

Quand permettre? quand refuser?

Pour mon bien-être (J'aime que mon enfant se réalise) et celui de mon enfant (aime vivre, expérimenter).

Je devrais permettre à mon enfant tout ce qu'il me demande, sauf:

- quand il y a du danger pour lui ou les autres;
- quand il y a nuisance pour lui en ce moment ou plus tard, et nuisance pour les autres (moi, les autres membres de la famille ou autres);

Ou (exceptionnellement)
- quand j'ai perdu confiance à propos d'une entente (permission) convenue entre nous et qu'il n'a pas respectée.

Ex.: J'avais accordé à mon enfant une permission pour une sortie. Il devait revenir à la maison à 22 heures. J'ai dû aller le chercher parce qu'il ne revenait pas à l'heure convenue. Il me redemande cette permission. Je lui dis: «Je ne peux te permettre cette sortie actuellement. J'ai besoin de regagner cette confiance que j'ai perdue.»

Nuisances pour lui:
- pour sa santé physique (ex.: sa croissance [sommeil, alimentation]);
- pour sa santé psychologique (ex.: son estime personnelle [n'étudie jamais]).

Ces nuisances doivent être des «nuisances réelles extérieures» et concrètes que je pourrai et devrai expliquer à l'enfant tout en maintenant la fermeté qu'exige l'utilisation de mon autorité envers lui. Ex.: «Je ne peux te permettre de revenir de chez ton ami après 21 heures parce que tu as de l'école demain. Il sera trop tard pour te préparer à te coucher.»

Nuisances non justifiées qui proviennent de mes peurs

Ex.: • Je ne veux pas qu'il aille à un camp parce que je suis trop inquiet.
  • Je ne veux jamais qu'il couche chez des amis parce que j'ai peur de...
  • Je ne veux pas qu'il fréquente tel type de personne en me fiant sur son apparence, de peur qu'il se drogue.

Nuisances non justifiées qui proviennent de fausses valeurs

Ex.: • Je ne veux pas qu'il fréquente tel enfant dont la mère a un langage que je trouve vulgaire.
  • Je ne veux pas qu'il mange chez ses amis pour ne pas importuner, ou parce que je ne suis pas d'accord avec ce qu'ils mangent, ou encore parce que... («Tu as une famille et tu manges chez toi».)

Je deviens un parent-guide et complice en lui permettant d'expérimenter le plus possible dans un contexte sécuritaire. Plus l'enfant va expérimenter, plus il va se découvrir. Il connaîtra ses talents, ses limites, etc. Il va prendre confiance en lui et se développer. Ainsi, s'il peut reconnaître ses forces et ses capacités, il pourra reconnaître les forces et les capacités de l'autre, dans le plus grand des respects.

En effet, je le laisse vivre ce qu'il veut vivre. Je l'avertis du danger dans chaque expérience en démontrant les zones dangereuses, mais je ne le freine pas. Je peux intervenir en le protégeant ou en l'accompagnant dans ses entreprises trop hasardeuses.

Quand punir

Punir, c'est infliger une peine à quelqu'un pour une faute qu'il a commise.

Je ne devrais jamais punir mon enfant, sauf:
- quand il a commis une action dangereuse (avec préméditation);
ou
- quand il fait ou a fait une action nuisible pour lui ou pour les autres (en pleine connaissance de cause).

Je dois d'abord me demander: «Est-il coupable?»

Puis, je dois me demander quel est son besoin et fait-il exprès pour me faire du mal, pour m'atteindre.

Si la réponse est non, je constate plutôt que mon enfant a un manque ou n'est pas comblé dans un de ses besoins. Je prends un moyen pour aider mon enfant.

Vous verrez que, dans la plupart des cas, l'enfant ne fait pas exprès pour atteindre son parent. Une pulsion le pousse à faire tout en son pouvoir pour combler son besoin. *Évidemment, tout enfant aimerait mieux faire plaisir à son parent pour se sentir aimé de lui.*

Si je le vois comme coupable dans de telles situations, je vais faire perdurer ces comportements négatifs chez lui.

Si la réponse est oui, je dois lui faire vivre la conséquence de ses actes pour l'élever, lui faire comprendre l'impact négatif de cette action sur lui ou sur les autres.

Conséquence

Le mot «conséquence» veut dire la *suite* qu'une chose ou un acte peut avoir. Alors, la forme de punition que devra subir mon enfant: restriction, sommation, privation, refus ou défense, etc., doit avoir un rapport direct avec la cause de la nuisance.

Ex.: Mon adolescent n'a pas fourni d'effort pour ses travaux scolaires et n'a pas réussi un examen de fin d'année. Il devra reprendre ses cours pendant l'été (conséquence).

Le priver d'une nouvelle bicyclette n'a aucun rapport. Cela ne va rien lui apprendre face au besoin d'avoir à faire les efforts nécessaires pour réussir. Cette façon de réagir ne fait que diminuer l'estime personnelle de mon enfant et nous éloigner l'un de l'autre. Aussi, j'aurai de moins en moins d'influence sur lui si j'agis régulièrement ainsi.

Au contraire, si je lui laisse vivre la conséquence de son acte, je maintiens une bonne relation avec lui, à travers laquelle il se sent aimé de moi et là, si je veux lui parler de mon désir de le voir réussir son année scolaire, j'aurai de l'impact.

1. **Si c'est par rapport à un objet** (la cause est extérieure), mon intervention (punition) doit être en rapport avec l'objet.

Ex.: Gabrielle, quatre ans, a maintenant la permission de jouer dehors sur le trottoir, la seule restriction étant de ne jamais aller dans la rue (objet) à cause des dangers d'accident. Pour la deuxième fois aujourd'hui, sa mère la surprend à descendre dans la rue avec son tricycle (objet). Sa mère lui enlève son tricycle (conséquence) et l'oblige à retourner dans la cour fermée pour quelque temps (conséquence).

La coucher plus tôt le soir n'a aucun rapport. La menacer de ne plus lui acheter tel ou tel jouet promis ou de ne plus l'amener à une fête n'a aucun rapport non plus. Ces autres interventions non justifiées diluent le vrai message, c'est-à-dire le danger de jouer dans la rue. Elles ne servent qu'à démontrer à l'enfant qu'il est mauvais (méchant), comme si Gabrielle avait voulu volontairement faire du mal à sa mère. Ce qui est faux. Gabrielle ne voulait que se faire plaisir. Elle a agi par impulsion (voir «Ma perception et sa perception sont différentes», page 31).

2. **Si c'est par rapport à un sujet** (une personne), c'est-à-dire que mon enfant m'a fait subir ou vivre une souffrance à moi ou à quelqu'un d'autre, mon intervention (conséquence) doit être en rapport avec le sujet.

Ex.: • Vanessa bouscule volontairement son frère Benoît parce qu'elle est fâchée. Son père lui dit à quel point il est affecté parce qu'il aime Benoît (sujet) et que cela le chagrine qu'on le blesse parce que c'est son fils, et qu'il est déçu du peu de respect qu'elle a eu envers son frère en le

poussant. Il lui dit aussi: «Je serai toujours très ferme là-
dessus. Je n'accepterai jamais que l'on blesse un de mes
enfants.» (Conséquence: c'est ce que Vanessa subit.)

Le père lui parle de sa souffrance à lui, avec la même
intensité (ton) que lui la vit. Vanessa perçoit l'importance de ce que lui dit son père par le ton qu'il emploie.

Aussi, le père écoute Vanessa par rapport à sa colère
(reflet) et lui montre une autre façon d'exprimer ses
colères.

- Jonas confronte ses parents, leur dit des paroles blessantes et veut avoir le dernier mot. Ses parents (avant)
écoutent la frustration de Jonas et lui disent la blessure
qu'ils ressentent à se faire parler ainsi par leur propre fils
(conséquence). Dans un cas comme celui-ci, le parent
devrait toujours se demander:

Pourquoi mon enfant a-t-il fait cela? Quelle est sa
souffrance? Quel est son manque? Et il le comble pour
éviter de revivre des situations difficiles (voir «Les
besoins des enfants», page 150). De plus, il revoit si sa
discipline et ses exigences sont fondées et adaptées à son
enfant ou si, au contraire, il n'a pas été assez ferme. Il se
demande aussi, si c'est le cas: Mon enfant a-t-il un
modèle dans ce domaine?

Objet et sujet

Ex.: Vincent joue de la guitare à côté de sa sœur qui écoute la
télévision, et je vois qu'il veut l'agacer. Je lui confisque sa
guitare pour quelque temps (conséquence par rapport à
l'objet, la guitare) et lui dis ma souffrance (conséquence
par rapport au sujet, sa sœur).

Pour ne plus vivre de telles situations, le parent devrait, dans
un autre temps, se demander: Quelle est l'intention de mon enfant
dans ces moments? quel est son manque? et le combler.

J'observe:
- Moi, en tant que parent, quel modèle suis-je?
- Est-ce que cela fait longtemps que j'interviens avec des moyens irrespectueux?
- Ai-je créé un lien?
- Ai-je répondu aux besoins de mes enfants?
- Ai-je été ferme?

Conséquences naturelles (1)

Si mon enfant a eu un comportement dangereux ou nuisible, mais que ce dernier n'a pas été prémédité (en pleine connaissance de cause), l'enfant est déjà puni intérieurement. Il se sent mal quand il se rend compte que ce qu'il a fait a un impact négatif. Il n'a pas besoin que j'en ajoute en le punissant.

Dans de telles situations, posez-vous la question suivante: Comment aimerais-je être accueilli si c'était moi qui avais fait cette action par besoin ou par impulsion, sans penser à l'impact de mon action?

Ex.: Si j'ai crié après mon enfant ou l'ai tapé ou lui ai adressé des paroles blessantes, je m'en voudrai. Je me blâme moi-même. Je n'ai pas besoin que mon conjoint en remette davantage. Je suis déjà puni.

Conséquences naturelles (2)

Pour l'élever, je lui laisse vivre ou lui fait vivre la conséquence de ses actions, tout en étant complice selon son âge ou sa maturité.

Ex.:
- Il ne veut pas faire ses travaux scolaires (un soir): je lui laisse vivre les remontrances de son professeur (conséquence).
- Il joue dans l'eau qu'il éclabousse: je la lui laisse éponger (conséquence).
- Il joue à la balle et casse la fenêtre du voisin: je lui en fais payer le coût au complet ou en partie selon le cas (conséquence).

Il est important que le ton sur lequel je lui parle dans ces situations en soit un de bienveillance, pour que mon message passe. Un ton arrogant teinté de colère ne fera que mettre mon enfant sous tension, et cela l'empêchera de se concentrer sur la leçon à apprendre de ses actes. En effet, si je suis acceptant face au geste qu'il a fait et explique avec considération, l'enfant se sentira aimé et sera très à l'écoute de ce que je lui dis. Si, au contraire, je suis «inacceptant» et arrogant, il sera préoccupé (peur, culpabilité), donc peu disponible à réfléchir sur le message.

User de son jugement

Il est vrai que, par rapport aux comportements des enfants, certaines conséquences naturelles à ces actions pourraient être vécues. Par exemple, mon enfant prend beaucoup de temps à s'habiller le matin, au point de me mettre en retard au travail. Mais aller jusqu'à l'amener à l'école en pyjama pour lui faire vivre sa conséquence peut avoir un impact très destructeur pour l'enfant, surtout pour son estime personnelle. Aussi, cela peut briser ou couper complètement ma relation avec cet enfant.

En tant que parent, mon rôle est d'être protecteur et non pas source de malheur. Il faut donc user de son jugement (son bon sens) et se demander aussi comment je me sentirais si on me faisait vivre une telle situation.

Je dois me demander également si la conséquence que je lui impose est proportionnelle à la faute qu'il a commise.

Punition déguisée
ou erreur d'interprétation

Certains parents, pour se donner bonne conscience lorsqu'ils infligent une restriction à leurs enfants, utilisent le mot «conséquence» pour définir leur châtiment.

Ex.: • Tu n'as pas accroché tes vêtements en entrant, par conséquent tu auras 30 minutes de moins de télé.
   • Si tu ne brosses pas tes dents aussitôt que je te le dis, comme conséquence, tu te coucheras cinq minutes plus tôt le soir.

Ces types d'intervention ne servent qu'à soulager le parent, mettre l'enfant en contraction et briser la relation. Elles n'apprennent rien à l'enfant, ne l'élèvent pas et maintiennent le parent dans un mode autoritaire qui n'apporte que conflits et difficultés. De plus, on ne met pas l'accent sur le vrai message, c'est-à-dire les valeurs, les conséquences de certaines actions, de l'impact de ces actions sur lui et sur les autres, etc. Ces types d'intervention empêchent aussi le parent de devenir le complice de son enfant face à ses apprentissages, *d'agir à la source du problème*.

Chez l'enfant, ces interventions provoquent la confrontation, l'arrogance ou la soumission. L'enfant se ferme, a peur des punitions, se sent coupable de déplaire au parent. Ces façons d'agir enveniment le lien et créent des tensions dans la relation.

Si, comme parent, j'inflige beaucoup de punitions à mon enfant, je devrai réévaluer ma relation avec lui, revoir mes exigences envers lui et ses besoins vitaux.

COMMENT PERMETTRE À MON ENFANT DE DÉVELOPPER LA «RESPONSABILITÉ»

Pour être responsable, l'enfant doit *ressentir la complicité du parent*. Il doit ressentir qu'il peut compter sur l'aide et l'appui de son parent et, surtout, sur sa compréhension face à ses difficultés, à ses épreuves, et ce, sans jugement. Se sentant ainsi compris, il ressent alors un grand élan, une ouverture sur la vie. Il sent en lui une grande force qui lui permet de se prendre en main. Il a le goût et se sent capable d'assumer des responsabilités.

Cependant, il a besoin de son parent pour le guider et être son complice dans cet apprentissage.

Le parent-guide explique à l'enfant qu'être responsable, c'est prendre en charge son bien-être. C'est s'occuper de soi sans oublier l'autre et prendre soin de l'autre sans s'oublier. Lorsque l'enfant naît, c'est le parent qui prend en charge la responsabilité du bien-être de son enfant. Au fur et à mesure de son évolution, le petit enfant acquiert des habiletés. Le parent peut donc lui laisser prendre en charge ce dont l'enfant est devenu capable d'assumer, si cette responsabilité ne comporte pas de dangers pour lui ou risque de lui nuire à lui ou à d'autres.

Le parent-guide est aussi un modèle de responsabilité pour son enfant. Il prend en charge lui-même la responsabilité de son bien-être et lui dit ce qu'il fait pour lui-même afin de se sentir bien. Il a également l'humilité d'admettre qu'il fait des erreurs lui aussi.

Le parent-complice...

- fait participer son enfant dans la nouvelle prise en charge de nouvelles habiletés;

Ex.: - Ils préparent ensemble des repas. Il l'initie, lui donne des trucs, des conseils.
- Le parent montre à son enfant à coudre des boutons, etc.

- permet à son enfant, qui a maintenant acquis une nouvelle habileté, de prendre en charge cette habileté;

Ex.: - Couper ses aliments seul.
- S'éloigner de son parent dans les endroits publics.
- Prendre l'autobus seul pour se déplacer.
- Laver ses vêtements.
- Se faire des repas complets.

- stimule l'enfant, l'encourage dans ses nouvelles responsabilités et le félicite le plus souvent possible;
- est compréhensif et ne juge pas.

Ex.: Michelle, 10 ans, devait faire le lavage pendant que sa mère était au travail, mais elle ne l'a pas fait.

Réaction d'une mère non complice: «Tu es irresponsable. Je ne peux te confier aucune responsabilité», et elle moralise sur ce qu'est la responsabilité.

Dans ce cas, si la mère agit régulièrement de la sorte, Michelle deviendra effectivement irresponsable. Parce que sa mère la définit ainsi, elle finira par le croire. De plus, prendre une responsabilité déclenchera toujours chez Michelle l'information: «Je ne me sens pas bien. Je me sens critiquée, pas à la hauteur.» Alors, elle préférera ne pas les assumer. Soit qu'elle ne les prendra pas en charge adéquatement puisqu'elle s'est faite à l'idée qu'elle est irresponsable, soit qu'elle refusera de les assumer.

La mère-complice fait participer l'enfant. Elles cherchent ensemble la cause de cet oubli. Des copines de Michelle sont venues à la maison et, distraite par cette visite, elle a oublié sa tâche. *La mère et la fille voient ensemble un moyen pour ne pas que la situation se reproduise.* Michelle écrira en gros sur le réfrigérateur ses tâches à faire lorsque sa mère ne sera pas là.

Au début, la mère soulignera souvent à sa fille son admiration face à la bonne prise en charge de ses nouvelles responsabilités.

Ex.: Jonathan devait se réveiller seul pour une sortie de groupe organisée par l'école. Il a bien mis son réveil, mais lorsque celui-ci a sonné, il l'a éteint avec l'intention de se lever quelques minutes plus tard. Malheureusement, il s'est rendormi. Une heure plus tard, au réveil de sa mère, ils s'aperçoivent qu'il est trop tard. À cette heure-ci, le groupe a déjà quitté l'école.

Au lieu de critiquer Jonathan et de lui faire un discours sur son manque de responsabilité, sa mère fait participer Jonathan. Ils regardent ensemble toutes les possibilités pour ne pas que cet incident se répète la prochaine fois (demander la complicité du père ou d'une autre personne, par exemple). Jonathan propose plutôt de se réessayer seul encore la prochaine fois. Il se sent apte à le faire. La mère fait confiance au bon sens de son enfant. Il aime prendre des responsabilités et est fier quand il réussit. Cela lui donne de l'énergie et un grand sentiment de confiance personnelle.

Il faut se poser comme question dans des situations semblables: *Comment aimerais-je être accueilli par l'autre si c'était moi qui avais vécu cette difficulté, qui avais assumé cette responsabilité?*

Il faut se dire aussi que je peux difficilement demander à mon enfant d'assumer certaines responsabilités que je n'arrive pas moi-même à assumer. Il me faut être réaliste et respectueux.

Ex.: • Tenir sa chambre en ordre en tout temps.
 • Lui demander de ramasser ses effets au fur et à mesure qu'il les utilise.
 • Sortir les déchets avec assiduité.
 • Se faire des repas complets et équilibrés.
 • Etc.

Faire intégrer le sens des responsabilités à un enfant comportera plusieurs étapes selon son évolution et qui tiendront compte des cinq facteurs qui orientent et permettent au parent-guide et complice de respecter l'enfant dans cet apprenti-«sage».

1. Je lui fais intégrer de l'intérieur: je lui donne le goût d'assumer la responsabilité de son bien-être et de développer ses habiletés.

Je ne mets pas de pression. Je lui fais expérimenter la joie de prendre des responsabilités.

2. Je tiens compte de sa personnalité (ex.: peureux, timide, impulsif, etc.).

Mes demandes et mes interventions tiennent compte de ses limites.

3. Je tiens compte de son potentiel.

Ex.: • Habileté manuelle.
 • Difficulté à se situer dans l'espace.
 • Difficulté à se situer dans le temps.
 • Force physique.
 • Facilité de concentration.
 • Compréhension intellectuelle.

J'adapte mes interventions en fonction de son niveau, actuellement.

4. Je tiens compte de sa différence actuellement, contrairement au parent qui ne fait qu'éduquer et met tous ses enfants sur le même palier.

Ex.: • Partage facilement ou non.
• Est solitaire ou non.
• Aime ou n'aime pas collaborer avec d'autres.

5. Je considère mon enfant comme incomparable. Je ne le juge pas par rapport aux autres, surtout ceux du même âge, et je ne le compare pas. Je le vois comme unique.

Récupération

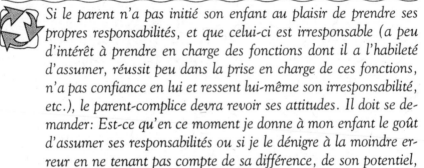

Si le parent n'a pas initié son enfant au plaisir de prendre ses propres responsabilités, et que celui-ci est irresponsable (a peu d'intérêt à prendre en charge des fonctions dont il a l'habileté d'assumer, réussit peu dans la prise en charge de ces fonctions, n'a pas confiance en lui et ressent lui-même son irresponsabilité, etc.), le parent-complice devra revoir ses attitudes. Il doit se demander: Est-ce qu'en ce moment je donne à mon enfant le goût d'assumer ses responsabilités ou si je le dénigre à la moindre erreur en ne tenant pas compte de sa différence, de son potentiel, de ses débuts dans l'expérimentation de nouvelles fonctions?

Si oui, il récupère. Il suit ce guide, demande de toutes petites responsabilités à son enfant, le félicite et l'encourage chaque fois qu'il réussit, est son complice lorsqu'il a des difficultés dans l'accomplissement de ses nouvelles fonctions. Il le fait participer pour trouver des solutions.

Ex.: Ça n'a pas marché? Quelle en était la cause (comment ça s'est passé)? Que pourrais-tu faire la prochaine fois? en lui offrant votre appui, votre aide.

Le parent-complice parle toujours sur un ton d'acceptation et de bienveillance.

Exemple de récupération: Sophie, 13 ans, n'a pas beaucoup confiance en elle. Son père est découragé et très frustré par le manque de responsabilité de sa fille.

Il se rend compte qu'il est facilement impatient envers sa fille. Il la compare à sa sœur plus jeune qui assume certaines tâches mieux qu'elle. Il met ses enfants sur le même palier. Il la traite d'irresponsable.

Il décide de récupérer. *D'abord, il s'aperçoit que Sophie ne se situe pas bien dans le temps.* Jusqu'à maintenant, il n'avait pas considéré son potentiel à ce niveau. Maintenant, il en tient compte lorsqu'il lui fait des demandes. Il n'a pas d'attentes irréalistes envers elle. Ainsi, lorsqu'il lui demande des tâches, il est là pour lui rappeler l'heure et la soutenir dans sa tâche.

Pour bien récupérer et lâcher prise à ses attentes envers Sophie, il la voit (face au temps) comme si elle avait trois ans. Ses demandes sont en fonction d'un enfant de cet âge. Il augmente ses demandes selon l'évolution de sa fille. Il est tolérant et habitue avec respect Sophie à mieux se situer dans le temps. Il suit son rythme et ne met pas de pression.

L'ACCEPTATION

L'acceptation de notre enfant, tel qu'il est, n'est pas une chose facile. L'acceptation inconditionnelle demande:

- de ne pas vouloir pour lui et d'accepter ses choix;
- de ne pas avoir d'attentes;
- de ne pas le juger ni le comparer, de l'accepter comme unique dans ses différences;
- de sortir de notre ignorance.

En effet, souvent le manque de connaissances nous empêche d'agir de façon adéquate avec nos enfants. Par exemple, chaque enfant a une horloge biologique unique. Et si l'on apprend à connaître les stades de l'évolution de l'humain, ceci nous permettra d'intervenir d'une façon plus respectueuse.

Les horloges biologiques

Appétit, heures de sommeil et chaleur du corps

Certains grandissent beaucoup dans la petite enfance, d'autres font une poussée de croissance à la puberté. Aussi, certains enfants, en raison de leur métabolisme, commencent à avoir faim à 11 heures. D'autres se lèvent et dévoreraient tout ce qui se trouve à leur portée.

Quand l'enfant est dans une poussée de croissance, il mange davantage et le parent est content. «Il mange, donc il est en santé», se dit-il.

Quand l'enfant est dans une phase de stabilisation, entre les poussées de croissance, il n'a presque pas d'appétit. Alors, parce qu'on veut trop pour son enfant et parce qu'on a peur pour sa santé, nous le forçons à manger en mettant de la pression, par ignorance de son métabolisme.

On accepte qu'un adulte n'ait pas faim le matin et qu'il ait même besoin de stimulant pour démarrer sa journée (café, cigarette), mais l'enfant, lui, doit être frais, dispos, en pleine forme et avoir faim dès le lever.

On accepte aussi, parce qu'on ne peut les changer, qu'il y ait des adultes qui se lèvent tard ou d'autres qui se couchent tard. Mais l'enfant, lui, doit se lever tôt et se coucher tôt.

Les horloges biologiques diffèrent en fonction du type d'individu que nous sommes. Qu'on l'accepte ou non, nous ne fonctionnons pas tous au même rythme et de la même façon. Même certains individus ont froid pendant que d'autres ont chaud, tel Guillaume qui ne portait qu'un t-shirt sous son manteau pendant tout l'hiver et qui n'attrapait aucun «coup de froid». Nos enfants ont leur propre horloge biologique.

Acceptons-les comme ils sont, petits ou grands, rapides ou lents, sportifs ou intellectuels. Adaptons nos interventions pour respecter ces différences.

Ex.: • Mon enfant de neuf ans ne s'endort jamais avant 22 heures et ne semble pas s'endormir le jour. Je lui demande d'aller se coucher à 21 heures, mais je lui permets de lire, de bricoler ou de faire d'autres activités reposantes.
   • Mon enfant n'a jamais d'appétit. Je le fais examiner par des personnes compétentes. Je suis ferme afin qu'il mange et goûte à un minimum d'aliments. Pour me rassurer, je lui donne des suppléments alimentaires.

Cessons de trop vouloir pour eux. Démontrons-leur tout simplement la satisfaction que nous avons face à ce qu'ils sont. Acceptons qu'ils soient uniques et aimons-les comme ils sont. Ainsi, ils grandiront dans un milieu où règnent l'acceptation et l'harmonie.

Les étapes de l'évolution relationnelle de l'humain

Pour s'élever jusqu'à la réalisation de soi, l'homme doit passer à travers quatre grandes étapes. Il doit vivre véritablement chaque étape pour pouvoir accéder à la suivante. Sinon, il restera bloqué. Voici ces quatre étapes par lesquelles je peux m'élever en tant qu'humain et la façon de récupérer si mon enfant est bloqué à l'une de ces phases.

L'autre
_____

L'autre et moi
_____

Moi et l'autre
_____

Moi
_____

Étape 1: Moi

Dans la phase «moi», tout ce que je fais est en fonction de moi. Mon but est de me découvrir et de combler mes besoins de base. Je suis dépendant. C'est mon parent qui doit répondre à mes besoins.

UNE ÉVOLUTION NORMALE
Il ne vit que pour se satisfaire: faim, soif, froid et peur, sans comprendre que son parent a des limites. Ce qu'il veut, c'est qu'on comble ses besoins dans l'immédiat. C'est là seulement qu'il se sent comblé, parce qu'il ne peut pas attendre (plus il est petit, plus il vit dans le moment présent).

Ex.: Pour mes besoins, je ne fais que des demandes. Je pleure, je crie et je ne communique avec l'autre que pour me satisfaire.

LES BLOCAGES
Le parent a brimé l'enfant face à la réponse immédiate de ses besoins vitaux en ne le faisant pas ou en attendant trop longtemps.

LES CONSÉQUENCES

Il risque de devenir égoïste dans la crainte de ne pas être comblé. Il reste bloqué dans la phase «égocentrique».

Étape 2: Moi et l'autre

Quand j'ai pris conscience que j'existe, d'abord dans mon corps, alors là seulement je peux passer à la deuxième étape. Mes besoins sont encore très grands. La partie «moi» est dominante en raison de mes grands besoins à combler, et je commence à intégrer la dimension de l'autre dans mon univers quand je sens que je peux contrôler mon univers sans me sentir menacé.

UNE ÉVOLUTION NORMALE

L'enfant a ressenti qu'on répondait à ses besoins. Il commence alors à prendre goût à donner, tout en gardant le contrôle.

Ex.: • Il a une sucette, en offre une léchée à l'autre, mais ne veut pas lâcher le bâton de peur de la perdre.
• Il joue au camion, veut qu'on le regarde, mais lui seulement peut y toucher.

LES BLOCAGES

L'enfant a été forcé de partager trop vite et il est resté bloqué parce qu'il lui semble que ce qu'il possède n'est pas complètement à lui et il craint de le perdre.

LES CONSÉQUENCES

Cet enfant arrive difficilement au partage.

Étape 3: L'autre et moi ado

Je peux passer à la troisième étape quand mes besoins sont suffisamment comblés. À ce moment, je peux apporter beaucoup à l'autre.

UNE ÉVOLUTION NORMALE

En général, à partir de l'adolescence, l'enfant commence à donner plus d'importance à l'autre. Ce qu'il a, il le partage facilement.

Ex.: Il va au dépanneur et achète trois boissons gazeuses s'il a deux copains avec lui.

Particulièrement dans cette phase, il ne faut jamais parler contre ses amis, étant donné qu'ils sont plus importants que lui et qu'il en est très touché.

LES BLOCAGES
On a empêché cet enfant de partager par peur qu'il se fasse exploiter et qu'on abuse de ses biens tant physiques que moraux (générosité).

LES CONSÉQUENCES
Il s'oublie par frustration et risque même d'en faire trop pour l'autre, à son propre détriment.

Étape 4: L'autre

J'arrive à la quatrième étape quand tous mes besoins sont comblés. Là, je peux me consacrer entièrement à l'autre, donner sans me sentir brimé d'aucune façon.

UNE ÉVOLUTION NORMALE
L'être est totalement comblé. Il n'a plus aucun besoin qu'il ne peut assumer lui-même. Il peut facilement passer au don de soi.

Ex.: Il donne sans compter.

LES BLOCAGES
À cause de certaines valeurs morales ou religieuses, l'individu qui *a été forcé* à accéder à cette phase trop vite, la vit à son propre détriment, sans que ses besoins soient comblés, puisqu'il ne se sent rien, n'a rien et doit donner.

LES CONSÉQUENCES
Il fait beaucoup pour l'autre, dans l'espoir de recevoir beaucoup. «Il attend beaucoup de l'autre.»

Récupération

 Il me faudra savoir où en est mon enfant actuellement, où en sont ses difficultés, et lui permettre d'intégrer l'étape précédente pour que la transition d'une étape à l'autre se fasse sainement.

Ex.: Guillaume a sept ans, il a reçu un disque pour sa fête sur lequel il aime danser. Lorsque son jeune frère Benoît, âgé de cinq ans, s'approche pour danser lui aussi, Guillaume arrête le disque. Sa mère, offusquée, le traite d'égoïste et le force à laisser le disque fonctionner pour que son jeune frère puisse en profiter. En se reportant aux «Étapes de l'évolution relationnelle de l'humain», elle se rend compte qu'elle a toujours forcé Guillaume à partager et qu'il est bloqué à ce niveau. Elle décide de récupérer. Elle fait participer Guillaume en lui demandant comment il pourrait faire pour se satisfaire sans trop brimer son jeune frère. Guillaume propose de ne l'écouter que lorsque Benoît ira seul chez son père les fins de semaine ou pendant le temps où il peut faire ce qu'il veut dans sa chambre le soir. Sa mère accepte. À ce moment, Guillaume ressent que son disque lui appartient réellement. Il est bien à lui. Maintenant qu'il ressent cela, il est possible que, d'ici quelque temps, Guillaume ne soit plus dérangé par le fait que son frère danse au son de son disque.

L'acceptation dans l'écoute

Chaque fois que votre enfant exprime un comportement dérangeant, c'est souvent parce qu'il est dérangé lui-même. Par manque de moyens et de mots, il recherche une façon (un comportement ou une attitude) pour se dégager de ce qui l'affecte.

S'il ne se sent ni écouté ni compris, il développera un comportement qui cachera un sentiment ou une émotion avec laquelle il n'est pas bien. En effet, si votre enfant ne se sent pas aimé et compris, il risque de développer un comportement détestable aux yeux du parent avec lequel il ne se sent pas aimé, soit pour se faire aimer malgré tout, soit pour se confirmer qu'il n'est pas aimable.

Ex.: • Amélie a tendance à s'isoler. Elle voit de moins en moins ses amis et passe presque tout son temps dans sa chambre et ne communique plus avec son père.
• Joël se sent brimé dans ses droits. Il ressent que ses parents donnent plus à sa sœur cadette. Il l'exprime à ses parents qui lui confirment qu'il a tort. Joël ne se sent pas compris. Aussi, pour compenser cette injustice, il vole ses parents.

- Éloi a des comportements très dérangeants à la maison et à l'école. Il n'obéit pas et se fout de tout. Sa mère est découragée.

L'enfant peut aussi développer un comportement parfait aux yeux du parent de qui il ne se sent pas aimé, par peur de ne pas être aimé.

Dans les deux cas, l'enfant n'est pas bien à l'intérieur de lui. Ne se sentant pas compris, il développe des comportements dans le but d'être compris, de se libérer de ce «mal-aise» qu'il vit intérieurement.

Rarement, l'enfant fait du mal pour faire du mal. Il le fait parce qu'il a mal et qu'il ne se sent pas compris dans sa souffrance. Il cherche une façon pour se libérer de ce mal qu'il a à l'intérieur de lui et, souvent, il répète le comportement qu'il a lui-même appris de ses proches. Ainsi, quand il ne se sent pas bien, il dit à l'autre qu'il est la cause de son problème.

La plupart des parents rendent leurs enfants coupables de leurs propres émotions.

Quand le parent est en colère, il dit:

- «Tu me mets hors de moi».

Quand le parent est déçu, il dit:

- «Tu me déçois».

La façon de réagir à une situation appartient à l'individu qui réagit, et non à celui qui fait l'action. Je peux agir calmement ou m'enrager face à la même situation.

Acceptation de ses comportements

Il est approprié, pour éviter les non-dits et les mauvaises interprétations, de refléter d'une façon «acceptante» certains comportements qu'ont vos enfants.

En effet, il arrive que certaines émotions ne soient pas mises au jour (on n'en parle pas par peur de faire de la peine, de blesser, par peur d'une punition, etc.). Elles sont interprétées en fonction de l'action parfois négative, et non pas en fonction de l'émotion vécue par l'enfant.

Ex.: Action: François ment à sa mère. Il lui dit qu'il ne sait pas qui a cassé son bibelot. Sa mère est frustrée parce qu'elle se rend compte qu'il ment (elle le voit dans ses attitudes).

Au lieu de: Mettre son attention sur le mensonge, elle reflète l'émotion qu'elle perçoit chez François, c'est-à-dire sa peur d'être puni ou sa tristesse d'avoir brisé quelque chose à laquelle sa mère tenait.

Ex.: «Je ne te sens pas à l'aise. J'ai l'impression que tu as peur.»

Au lieu de: Me moquer ou d'amplifier le sentiment que je vis pour lui faire peur ou le culpabiliser (l'enfant se sentant humilié ne sera pas porté à se dévoiler à ce parent qui l'humilie et le frustre), j'écoute ce qu'il vit dans ses comportements. Je démontre ma complicité en reflétant ce que je perçois avec acceptation.

Ex.: À un enfant lent: «Je sais que tu aimes manger lentement. Tu peux prendre ton temps.» Je lui demanderai de se dépêcher davantage dans des situations vraiment pressantes en lui expliquant pourquoi. Je lui permets toutes les fois que c'est possible de vivre à son rythme.

À un enfant hyperactif: «C'est difficile pour toi de te concentrer sur cette activité.»

À un enfant qui fait pipi au lit: «Tu ne t'en rends pas compte. Ça ne te réveille pas.»

À un enfant qui se chicane avec son frère: «Ça te frustre d'avoir toujours à partager.»

Ce que vit mon enfant versus ce qu'il fait (comportement négatif)
Au lieu de m'arrêter à son comportement négatif, je prends conscience de ce qu'il vit: son problème, sa difficulté (conflit intérieur).

Mon enfant casse volontairement une vitre à la maison. Au lieu de n'interpréter que l'action (la méchanceté de la part de l'enfant d'avoir cassé la vitre), je me demande: Qu'est-ce qu'il vit? quelle est sa souffrance, sa difficulté?

Ex.: Julien, sept ans, est choqué par le refus de son père de lui acheter sa nouvelle cassette de jeu vidéo qu'il désire beaucoup et qu'il juge mériter. Dans sa grande frustration, il sort en claquant la porte, ramasse un caillou et le lance dans une vitre de la maison qu'il casse.

Son père va le chercher, le sermonne, le punit et l'envoie dans sa chambre en lui disant qu'il devra payer les frais de la vitre cassée, et qu'il n'aura jamais ce jeu vidéo.

Si son père pouvait s'arrêter et se poser la question: Qu'est-ce qu'il vivait pour avoir agi ainsi? Il pourrait écouter son fils et lui refléter «sa grande déception de ne pouvoir avoir sa cassette» (écoute véritable). Ainsi, il permettrait à son fils d'exprimer son «mal vécu». Julien se sentirait mieux compris dans sa frustration, même si son désir n'était pas comblé. Son père pourrait à ce moment lui expliquer qu'il y a d'autres façons d'exprimer sa déception et qu'il a la responsabilité de son action, c'est-à-dire de payer la vitre cassée. Le message serait mieux compris par son enfant et leur relation, sauvée.

Un enfant écouté n'est pas traumatisé. Sans écoute, ce sentiment d'injustice restera à l'intérieur de Julien et il le percevra encore et encore plusieurs années après l'incident. Il restera coincé avec ce sentiment et vivra lui-même de l'injustice dans plusieurs situations.

Je ne me laisse plus vivre de situations difficiles et conflictuelles

> **JE NE LAISSE PAS LE «TERRAIN PROPICE» À DÉCLENCHER OU À PROVOQUER UNE DIFFICULTÉ OU UN CONFLIT.**

Avec des enfants, il arrive souvent que les parents aient à intervenir d'une façon négative afin de faire observer les consignes. Il est bon que le parent fasse tout en son pouvoir pour éliminer le plus possible les sources de conflits inutiles. Face à certaines mésententes, le seul fait de changer l'environnement, d'adapter ma maison en ajoutant ou en modifiant l'espace, je peux contribuer à éliminer des sources de conflits.

Exercice pour éviter toute source de conflit

But: Éviter les zones de conflits inutiles dans mes interventions avec mes enfants.

┌ ─ ─ ─ ─ ─ ─ ─ ─ ─ ─ ─ ─ ─ ─ ─ ─ ─ ─ ─ ┐
JE REGARDE OÙ SONT LES SOURCES DE TENSION.
└ ─ ─ ─ ─ ─ ─ ─ ─ ─ ─ ─ ─ ─ ─ ─ ─ ─ ─ ─ ┘

Ex.: • J'enlève tout objet ou meuble susceptible d'être dangereux pour mes enfants (ex.: produits dangereux à mettre sous clé).

• Je ne mets rien d'attirant à sa vue que j'aurai à lui interdire de toucher ou de prendre. (J'ai une plante ou un vase fragile à la hauteur de l'enfant. Je les enlève de sa portée pour éviter de devoir interdire, surveiller, répéter, critiquer ou crier sous prétexte qu'il devra apprendre à respecter l'environnement.)

• Je mets à leur portée armoires, crochets, paniers pour faciliter le rangement de leurs vêtements, jouets, objets utiles, matériel de bricolage, etc.

À compter d'aujourd'hui,

• j'enlève ce qui est uniquement esthétique et empêche l'autre d'exister (en tenant compte de mes limites);

• je mets à sa portée:

Ex.: - de la vaisselle, des verres, des ustensiles, un pichet à jus pour les petites mains d'enfant, un linge avec un seau d'eau pour essuyer les dégâts.

- du matériel souvent utilisé: papier et crayons pour les messages téléphoniques, bricolage, jouets.

Je planifie des horaires et écris sur un calendrier à la vue de tous:

Ex.: • Jeudi: du temps avec Émilie;

• Samedi: du temps avec Guillaume;

• Dimanche: du temps en famille (activité);

• Le jour où l'on change les draps;

• Les jours de lessive;

• L'attribution des tâches familiales;

• Etc.

Je me demande: Comment puis-je éliminer cette source de conflit entre nous?

Ex.: • Il range difficilement ses jouets ou ses vêtements. Se peut-il qu'il ait trop de jouets ou de vêtements?

• Je n'arrive pas à me concentrer sur mon travail parce que la télé qu'écoutent les enfants est située près de mon bureau. Puis-je la changer d'endroit?

• Mes enfants se disputent souvent pour certains jouets. Puis-je donner à chacun un endroit secret qu'ils pourraient verrouiller, comme une vieille filière?

Faites une liste des difficultés et des sources de conflits occasionnées par le fait que l'aménagement n'est pas adéquat, et voyez si, à l'aide d'un aménagement différent, vous pourriez résoudre ces difficultés.

Je dis à mes enfants ce que je fais pour eux et que j'adapte ma maison en tenant compte de mes limites, pour leur permettre de mieux vivre et parce que chacun y a sa place (nourriture intérieure).

C'est ça, l'inclusion et l'accueil: permettre de ressentir l'appartenance (voir Deuxième moyen, page 51).

Histoire d'une fleur inconnue et de son jardinier
(pour une petite fille qui avait très peur de son papa)

C'était une fleur pas comme les autres, une fleur unique dont même le jardinier ne savait pas le nom. Il avait planté cette graine en espérant que le résultat en serait tout à fait spécial. «Une fleur rare comme vous n'en avez jamais vu», avait dit le marchand étranger qui la lui avait vendue.

Dans un premier temps, le jardinier s'était dit que c'était là peut-être, un moyen pour devenir célèbre. Si les gens allaient venir du monde entier pour voir sa fleur!

Immédiatement après avoir planté la graine, il commença à l'arroser. Tous les jours, avec beaucoup de soins. Lorsqu'elle sortit de terre, le jardinier sentit qu'il n'allait pas être déçu. Cette fleur allait vraiment être unique, rare et certainement extraordinaire. Pourtant, assez rapidement, il s'aperçut qu'elle ne poussait pas comme il l'avait espéré.

- Avait-elle trop d'eau?

- Manquait-elle d'engrais?

- Ou la température ambiante n'était-elle pas assez bonne?

Malgré tous ses soins, la fleur donnait des signes inquiétants. Elle s'étiolait, pâlissait, perdait ses couleurs. Elle ne se nourrissait même plus correctement de l'eau qu'elle recevait.

Le jardinier consultait des encyclopédies de plantes espérant trouver de quoi souffrait sa fleur. Il faisait appel à des experts qui, la mine grave, faisaient semblant de comprendre. Rien n'y fit. Il redoubla de soins. La fleur maigrissait, dépérissait, ça ne marchait pas du tout. Cette fleur eut une vie douloureuse, car elle s'était attachée au jardinier, mais sans lui dire.

Plus tard, beaucoup plus tard, quand le jardinier eut abandonné depuis longtemps le jardinage, alors que ses cheveux étaient devenus tout blancs et que son dos fut courbé par les ans, il lui arrivait encore de consulter ses encyclopédies.

Et voilà qu'un jour, tout à coup, il y trouva sa fleur. C'était une espèce rare, en provenance d'une planète lointaine appelée la planète «TAIRE». Elle était nommée «Mafillyamoi» et, parmi les soins particuliers qu'elle nécessitait, il était mentionné qu'il fallait expressément chaque soir lui chanter une chanson et, surtout, surtout, lui parler.

Extrait de *Papa, maman, écoutez-moi vraiment,*
de Jacques Salomé (Éditions Albin Michel).

TRANSMETTRE DES VALEURS

Le moyen le plus puissant pour transmettre une valeur est de donner l'exemple en vivant, devant l'enfant, cette valeur avec joie et en parlant de ce qu'elle nous apporte pour qu'il ait le goût lui aussi de vivre cette valeur. Ce que je fais a beaucoup plus d'impact que ce que je dis.

Réflexion

 Mon intervention pour influencer mon enfant face à mes valeurs aura de l'impact sur lui si je vis des valeurs qui m'épanouissent.

Ex.: Valeur de la santé physique, de l'hygiène corporelle, de bien s'alimenter, du respect, de la discipline, etc.

- Si je veux que mon enfant mange des fruits, j'en mange devant lui.

- Si je veux que mon enfant se brosse les dents, je me les brosse devant lui.

- Si je veux que mon enfant fasse des sports, j'en fais devant lui.

- Si je veux que mon enfant s'intéresse aux arts, à la lecture, etc., je m'y intéresse devant lui.

Plus il me verra vivre cette valeur avec amour et passion, plus il aura tendance à vouloir la vivre aussi, si c'est dans son champ d'intérêt. Il est possible aussi qu'il ne l'adopte que plus tard, quand, dans son expérience de vie, il en verra l'importance.

Il ne faut pas oublier que la qualité du lien que j'entretiens avec mon enfant sera proportionnelle à la qualité de l'influence que j'aurai à transmettre mes valeurs.

Voici une façon de transmettre des valeurs à travers l'exemple du respect.

Comment apprendre à mon enfant à me respecter et à se respecter

Le respect est un sentiment qui porte à accorder à quelqu'un une considération (admirative) en raison de la *valeur* qu'on lui reconnaît et à se conduire envers lui avec *égard et bienveillance*.

Comme vous le voyez, le respect est une notion bien abstraite. Aussi, pour développer le respect chez l'enfant, je dois lui faire vivre concrètement ce respect par des gestes, des attitudes, des paroles bienveillantes envers lui, pour qu'il puisse le ressentir et l'intégrer dans sa perception qu'il a de lui-même.

En effet, pour avoir du respect envers lui-même, l'enfant doit ressentir et reconnaître qu'*il a de la valeur*, de l'importance.

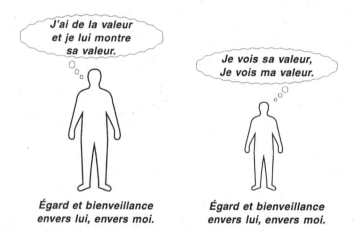

J'ai de la valeur et je lui montre sa valeur.

Je vois sa valeur, Je vois ma valeur.

Égard et bienveillance envers lui, envers moi.

Égard et bienveillance envers lui, envers moi.

De plus, pour qu'il ait du respect envers moi, son parent, je me dois de lui démontrer par mes comportements que j'ai (je m'accorde) *de la valeur*, de l'importance, pour qu'il puisse la reconnaître. Et je lui refléterai l'impact positif qu'ont sur moi les marques de considération qu'il a envers moi.

Éduquer versus élever (face au respect)

Si je ne fais qu'éduquer, c'est que je veux lui faire acquérir des façons d'être respectueux selon mes valeurs actuelles à tout prix, parfois même en l'abaissant.

Ex.: • «Tu es malpropre, tu manges comme un salaud.»
• «C'est pas beau de faire cela.»
• «C'est pas poli.»
• «Pour qui tu te prends pour agir comme cela.»

Comme nous l'avons vu, éduquer est en rapport avec le monde extérieur: bonnes manières, politesse, propreté, partage. Pour cela, je mets tous les enfants sur le même palier (et c'est ce qu'il faut éviter).

Je ne peux le respecter puisque je ne considère pas sa différence, et tous les enfants ont des différences. Donc, je l'abaisse.

Ex.: • Mon enfant a une perception différente de la mienne par rapport à la propreté, au partage.
• Mon enfant a un rythme lent.
• Mon enfant se situe mal dans le temps, dans l'espace.
• Mon enfant a de la difficulté avec sa motricité fine (il a de la difficulté à tenir des ustensiles, à manger proprement).

Imposer le respect

Le parent qui enseigne à son enfant le respect en passant par l'extérieur, comment agit-il?

Ce parent utilise la peur (d'une punition ou du jugement de l'autre), la culpabilité et la «non-importance» de l'enfant pour essayer de lui faire comprendre le respect envers lui et envers les autres.

Il utilise la «non-importance», la peur et la culpabilité.

Ex.: • «On n'interrompt pas un adulte.»
• «Si tu ne dis pas merci, tu ne l'auras pas.»
• «Ce n'est pas gentil de ne pas partager avec ta soeur.»
• «Prête-lui ce jouet tout de suite.»
• «Qu'est-ce qui te prend de mettre la radio si forte?»
• «Si tu ne m'écoutes pas, tu iras dans ta chambre.»
• «On dit pas ça, ce n'est pas beau.»
• «Ne parle pas à ta mère ou à ton père sur ce ton.»
• «Ça, ce n'est pas gentil.»
• «Tu ne l'as même pas remercié. J'ai eu vraiment honte.»

Intégrer le respect

Le parent qui guide son enfant en lui faisant intégrer le respect par l'intérieur, comment agit-il?

Ce parent-guide enseigne le respect à son enfant en lui faisant intégrer (assimiler, comprendre le pourquoi du respect), en passant par l'intérieur, en l'élevant, en lui faisant expérimenter le plaisir d'être respecté et le goût de respecter l'autre.

Le parent-complice favorise cette intégration en faisant vivre à l'enfant les bienfaits du respect: l'enfant goûte au plaisir d'être considéré, de se sentir important aux yeux du parent. Il ressent: «Je suis important, j'ai de la valeur.» Il se sent bien. Ceci favorise chez lui l'intérêt, le goût de se respecter.

Le parent-complice favorise aussi chez son enfant l'intégration du respect de l'autre en lui faisant ressentir concrètement le bien-être que cela lui apporte lorsque son enfant a une attitude de respect envers lui. Ainsi, il lui donne le goût, l'intérêt de considérer l'autre, d'accorder de l'importance à l'autre (de la valeur).

On va développer une façon de susciter le respect en lui faisant intégrer de l'intérieur, c'est-à-dire en lui en donnant le goût.

Susciter le respect

Comment pouvons-nous faire susciter le respect? Observons ce que ces exemples peuvent évoquer.

- Le goût, l'intérêt de considérer l'autre.
- L'importance: «J'ai de la valeur.»
- Considération envers moi.
- Considération envers l'autre.

Ex.:
- «J'aime quand tu me dis merci, je me sens apprécié.»
- «Belle initiative! Ça va! Je vois que tu ne connaissais pas l'impact de cette action.»

Interventions irrespectueuses (qui imposent le respect)	**Interventions respectueuses** (qui suscitent le respect)
1. On n'interrompt pas un adulte.	1. J'ai besoin de parler à ton père de... Si tu veux, je t'écouterai après.
2. Au lieu de me dire merci, viens donc m'aider.	2. J'aime ça quand tu me dis merci pour t'avoir aidé. J'ai le goût de t'aider encore.
3. Prête-lui ce jouet tout de suite.	3. Que pourrait-on faire pour que ton copain et toi puissiez profiter de ce jouet cet après-midi?
4. Qu'est-ce qui te prend de mettre la radio si forte?	4. Quand tu mets la radio aussi forte, je n'arrive pas à me concentrer sur mon travail.
5. Si tu ne m'écoutes pas, tu iras dans ta chambre.	5. J'ai besoin de ta collaboration pour...
6. Ne parle pas à ta mère sur ce ton!	6. Je vois que tu es frustré, mais me faire parler sur ce ton me blesse beaucoup. Je me sens agressé et je n'arrive plus à me contenir.
7. Qu'est-ce que tu as fait encore? (en criant)	7. Crier après toi, comme je viens de le faire, ce n'est pas respectueux. Je m'excuse.
8. Tu es égoïste de ne pas partager avec tes amis.	8. Je te donne ce sac de bonbons à partager avec tes amis.

Mes comportements face au respect

Suis-je moi-même respectueux envers lui?

Est-ce que je:
- lui arrache des mains un jouet pour le donner à son frère?

- lui adresse parfois des paroles blessantes (stupide, sans-dessein, niaiseux, imbécile, irresponsable, désordonné, traîneux)?

- impose toutes mes solutions à mes problèmes sans l'impliquer?

- ne l'écoute pas véritablement?

- lui crie après, l'accuse?

- le dénigre devant les autres?

- n'apprécie pas au même titre que lui le vit un service qu'il m'a rendu?

 - mets de la pression sur lui parce que je veux absolument qu'il soit poli sans tenir compte de ce qu'il est (ses limites: timidité, difficulté à se concentrer)?

- demande à un petit enfant qu'il ait la même perception que moi du respect avec mes connaissances et mon expérience de la vie?

- lui arrache des mains la télécommande?

- lui ferme la télévision brusquement?

- ne fais aucune excuse si je l'ai brusqué, lui ai crié après?

- dis à mon enfant d'arrêter de pleurer sur-le-champ?

Si je n'aime pas ce que je vois, je réécris un nouveau scénario.

Mon idéal d'enfant respectueux

Je me demande: Si mon enfant était respectueux, comment cela se passerait-il?

Il:
- collaborerait (coopérerait);
- m'aiderait quand je lui demande un service;
- serait poli (merci, s.v.p.);
- serait fier de moi, bienveillant;
- adresserait des paroles gentilles à moi, à ses frères et sœurs et aux autres;
- m'écouterait quand je lui demande quelque chose;
- considérerait mes besoins (de repos, de calme, d'aide);
- ne gaspillerait pas les aliments;
- ne fumerait pas dans la maison;
- m'avertirait quand il ne peut rentrer pour un repas;
- tiendrait compte de mes inquiétudes par rapport à lui;
- partagerait ses jeux avec les autres.

Mon idéal de parent respectueux

Je lui démontrerais du respect par des paroles.

Ex.:
- Je lui dirais, chaque fois que j'en ai l'occasion: «Merci pour ton service», «J'apprécie (selon le cas) que tu m'aides, baisses le ton, ranges tes choses, etc.»
- J'aime quand tu me dis merci, ça me donne le goût de te faire plaisir encore.
- Ce n'est pas grave, c'est bien essayé.
- Je suis là, on essaie encore.
- C'est difficile pour toi, ne te mets pas de pression.
- J'enlève tes bottes dans les marches pour ne pas que tu tombes et te blesses.
- Je mets ce jouet ici, pour toi. Là, ce sera facile pour toi de le retrouver.

Je lui démontrerais du respect, de la considération par des gestes :

- touchers affectueux;

- tapes amicales d'encouragement;

- regards d'admiration, d'appui;

- sourire approbateur.

CES PAROLES, CES GESTES BIENVEILLANTS, RESPECTUEUX, DE CONSIDÉRATION, C'EST CE QU'IL FAUT QUE JE FASSE POUR ÊTRE UN MODÈLE, UN EXEMPLE.

Faire intégrer le respect par les sens, ou un guide pour élever mon enfant dans le respect

Puisque c'est de l'intérieur que mon enfant doit intégrer la notion de respect, je fais passer mon message par ses sens.

Vue:
- Il me voit agir avec égard, avec politesse (gestes bienveillants).

- J'ai des attitudes et des comportements respectueux.

- Je lui adresse des regards d'admiration quand j'aime ce qu'il fait.

Ouïe:
- Il entend des paroles respectueuses («J'aime m'occuper de toi», «Tu es ma joie», «Merci pour...»).

Toucher:
- Serrements tendres.

- Caresses.

- Touchers bienveillants.

> **«AINSI, TOUT CE QUE VOUS VOULEZ QUE LES HOMMES FASSENT POUR VOUS, FAITES-LE VOUS-MÊMES POUR EUX.»**
> *Matthieu, 7:12*

Être un modèle de respect, c'est:

- prendre soin de mon corps;

- prendre soin de mon esprit;

- prendre soin de mes émotions;

- prendre ma place;

- m'élever.

Clé

 Je lui dis ce que je fais pour moi et ce que cela m'apporte.

Ex.: C'est important pour moi de faire mes exercices chaque jour. Cela me donne de l'énergie et me permet d'être en forme.

Ce que je demande à mon enfant

Ex. 1: Qu'il range au fur et à mesure.
Est-ce que je l'ai? Le sens de l'ordre.
Est-ce que je le fais? Ranger tout de suite, au fur et à mesure, sans attendre plus tard ou ne pas le faire.

Ex. 2: Qu'il soit sûr de lui.
Est-ce que je l'ai? Cette assurance.
Est-ce que je le fais? Avoir une attitude de confiance, avoir une présentation assurée.

Ex. 3: Qu'il soit honnête.
Est-ce que je l'ai? Cette authenticité.
Est-ce que je le fais? Toujours m'exprimer avec sincérité.

Ex. 4: Qu'il ait de la maîtrise pour exprimer ses colères.
Est-ce que je l'ai? Ce contrôle sur mes émotions.
Est-ce que je le fais? Dire ma frustration à l'autre, sans crier ou
le frapper.

Il se peut que je n'aie pas moi-même cette attitude ou cette habileté que je demande à mon enfant d'avoir. Je mets de la pression sur lui parce que je sais quel effet négatif cela a sur moi et je ne veux pas que mon enfant vive les mêmes difficultés.

Au lieu d'exiger, de mettre de la pression afin que mon enfant acquière ces habiletés, il serait plus sage que l'on apprenne ensemble à se développer dans un climat sain. Je lui demande sa collaboration afin que nous travaillions ensemble à développer ce point que nous ne maîtrisons pas.

Ainsi, nous en bénéficions tous les deux et l'enfant développe un grand sens du dépassement. Il devient autonome et responsable face à ses besoins et aux qualités qu'il voudra développer plus tard.

HUITIÈME MOYEN

L'IMPLICATION FACE AUX BESOINS MUTUELS

Il est plus que temps que nous cessions de perpétuer des méthodes ancestrales qui empêchent les parents et les enfants de se rapprocher et de vivre des relations harmonieuses.

Il y a une valeur inconsciente qui est véhiculée de génération en génération: les parents ont la perception que l'enfant n'est qu'un «quelque chose» et qu'il faut que ce «quelque chose» s'adapte à leur milieu et à leurs besoins, sans le respect de ce qu'il est vraiment, c'est-à-dire «quelqu'un à part entière».

Du «Tu n'es rien, je t'impose», nous pouvons passer à une méthode plus respectueuse: «Tu es quelqu'un, je t'implique.»

LES TYPES DE PARENTS

Les «types de parents» sont en réalité *des mécanismes de défense* que le parent a dû développer lorsqu'il était enfant. Ces mécanismes lui ont servi à se protéger du type de parent qu'il a lui-même eu, afin de survivre, tant émotionnellement que psychologiquement, au manque d'amour, d'acceptation ou d'attention de ses parents, ou encore pour exprimer sa différence en tant qu'enfant.

Quand cet enfant devient parent, soit il reproduit ce que son parent était pour lui, soit il utilise son mécanisme de défense qu'il aura gardé toute sa vie. Une fois que je choisis un mécanisme de défense, il s'enclenche automatiquement lorsque je me sens menacé de quelque façon que ce soit.

En général, nous rencontrons le plus souvent quatre types de parents. Chacun a ses caractéristiques propres et un vécu très particulier. Vous vous retrouverez majoritairement dans un type spécifique, mais vous vous retrouverez aussi un peu dans les autres. Il y a le parent perfectionniste, et celui autoritaire (ces deux types ont une approche dictatrice envers leurs enfants). Il y a aussi le parent émotif et le parent peureux (ceux-ci ont une approche soumise).

1. Le parent de type perfectionniste

SON PROFIL: L'enfant qui a eu un parent peureux (questionneur) ou perfectionniste aura de fortes chances de devenir un parent de type perfectionniste.

Le parent perfectionniste est un être souvent fermé, ce qui le rend indifférent aux autres. Il est tellement fermé à l'autre qu'il développe un monde idéal selon ses propres valeurs, ses propres croyances. Comme il vit dans un monde idéal, il en fait un monde de perfection. Et comme il crée lui-même ce monde, il en connaît toutes les facettes et il veut dicter ses lois à tous ceux qui le côtoient. Ce parent se croit détenteur de LA vérité. Seule sa façon de faire est la bonne.

Ex.: Si ce parent a comme souci l'ordre, il risque d'exiger cet ordre de ses enfants, sans aucune souplesse.

SA FAÇON D'ÊTRE: Si quelque chose ne va pas comme il veut, il est tendu. Et comme il recherche la perfection, il est souvent tendu. C'est une personne difficilement satisfaite parce qu'elle est toujours à la recherche de cette perfection qu'elle n'arrive pas à atteindre. Tout doit être suivi à la lettre, et cette exigence finit par l'étouffer. Ses normes sont des lois: on mange à telle heure, on se tient comme ça. Il n'y a pas de souplesse, au point qu'il empêche les membres de sa famille d'exister.

C'est un parent qui a beaucoup de rigueur dans ses demandes qui, souvent, cachent des exigences et véhiculent une grande intolérance.

C'est un être souvent triste et taciturne. Il peut aller jusqu'à l'obsession dans sa perfection. Il a tendance à se replier sur lui-même. Sur le plan physique, il arrive qu'il manque de souffle, souffre de contractions musculaires et de constipation. Souvent, ses rhumes se transformeront en bronchites.

Ce qui caractérise ce parent perfectionniste, c'est *l'indifférence*. Il n'a, en général, de l'intérêt que pour un champ en particulier: le travail, les loisirs ou la famille, etc. Il va devenir indifférent à ceux qui ne pensent pas comme lui, et aussi à ses enfants.

Si la famille est son champ d'intérêt, il va tout décider selon sa vision de ce que vont vivre ses enfants: type d'école, type de vêtements, choix de carrière, etc.

CE QUE RECHERCHE LE PARENT PERFECTIONNISTE:
Ce parent recherche à tout prix à être l'idéal de ses supérieurs et des personnes de qui il attend de l'affection ou de l'attention. Plus jeune, il a dû être très rigoureux et se mettre à l'image de ce qu'on attendait de lui pour se sentir aimé et apprécié. Il attend beaucoup de ses proches; il demande aussi beaucoup d'appréciation et ne l'accepte que lorsqu'il obtient la perfection dans son action.

SES GRANDES PEURS SONT: l'opinion des autres et, surtout, celle de décevoir.

Les enfants de parents perfectionnistes vont devenir:
- soit des enfants perfectionnistes comme leurs parents, puisque face à un mur qu'on ne peut franchir, il vaut mieux s'isoler nous aussi pour ne pas trop souffrir;

- soit des enfants peureux (questionneurs), puisque devant cette indifférence, ils vivent une grande peur
(à savoir si son ou ses parents l'aiment vraiment).
Dans son insécurité, il va questionner beaucoup dans le but de se faire confirmer que ses parents l'aiment véritablement.

CE QUE RECHERCHE L'ENFANT DE PARENTS PERFEC-TIONNISTES: Il se dit: «Je veux tellement être aimé par ce parent indifférent que je vais devenir parfait dans tel ou tel domaine. Il n'aura pas d'autre choix que de me considérer, de m'aimer.» Donc, il aura besoin que l'on comble surtout ses besoins de satisfaction et de compassion.

2. Le parent de type autoritaire

SON PROFIL: C'est un individu qui a dû se prendre en main très jeune, ou être le parent de son parent, parce que son parent était de type émotif. Et l'enfant qui aura aussi eu un parent de type autoritaire a de fortes chances de devenir un parent autoritaire soit par la force des choses, soit parce que c'est la seule chose qu'il connaît.

Le parent autoritaire est un activiste, une personne parfois avec un courage excessif qui se laisse dominer par le travail (le travail extérieur, le ménage, l'éducation des enfants, etc.). C'est un être très cartésien, analytique, qui veut tout structurer à l'extrême par une logique implacable. Lorsqu'il est emporté par son élan, il se laisse déborder par le travail; il est prêt à faire des efforts et à prendre plus de responsabilités qu'il ne peut en assumer. Dépassé, il arrive à être désorganisé par excès de travail ou par manque de structure. Il se disperse et ne concrétise plus rien. Il peut même, à l'inverse, devenir paresseux.

SA FAÇON D'ÊTRE: Souvent, ce parent a raison et est prêt à le démontrer par la logique qui devient son seul moteur. Cela fait de lui une personne qui n'écoute pas vraiment, puisqu'il impose souvent ses solutions, sa façon de faire, de penser et d'agir. Il a tous les arguments pour le démontrer. C'est une personne très exigeante envers elle-même et envers les autres. Ce parent veut beaucoup pour son enfant, qu'il ait toujours le meilleur. S'il ne comprend pas quelque chose, cela peut le déstabiliser et il fera tout pour comprendre. Toujours en train de réfléchir et rempli de responsabilités, on le reconnaît par certaines phrases telles que: «Il faut que... On doit faire... parce que... au nom de... Si je ne le fais pas, qui va le faire?» Trop responsable et trop rapide, il ne laisse pas aux autres le temps d'agir, d'y penser. Il le fait avant eux. C'est un parent qui dirige et ordonne beaucoup, contrôle tout même s'il n'aime pas ça. Les grandes responsabilités qu'il s'impose sont souvent la source de ses migraines, de son insomnie ou de ses ulcères d'estomac qui n'en finissent plus. Les problèmes de digestion, de stress et de maux de tête qui ne veulent plus arrêter sont des signes qu'il utilise la logique à l'extrême et qu'elle se met trop de responsabilités sur le dos.

CE QUE RECHERCHE LE PARENT AUTORITAIRE: Inconsciemment, le parent autoritaire cherche à être reconnu par rapport à ce qu'il est et par rapport à ce qu'il fait. Il se plaint souvent de ne pas être reconnu. Il recherche aussi à démontrer ou à prouver qu'il est capable et qu'il peut y arriver, mais ses efforts passent souvent inaperçus, ce qui le frustre au plus haut point.

SES GRANDES PEURS SONT: d'être humilié, de manquer son coup et de ne pas être reconnu.

Les enfants de parents autoritaires vont devenir:
- Soit des enfants émotifs, puisque devant l'autorité, la seule défense autre que la confrontation est de faire sentir son parent coupable. Ainsi, son parent sera moins exigeant envers lui;

- Soit des enfants autoritaires qui, face à cette pression, vont confronter leurs parents pour tout et pour rien parce qu'ils ne veulent plus se faire imposer une façon de faire qui n'est pas respectueuse de leur façon de penser.

CE QUE RECHERCHE L'ENFANT DE PARENTS AUTORITAIRES: Il cherche à être reconnu de ce parent très exigeant qui ne se reconnaît pas lui-même. Il est prêt à prouver à son parent qu'il est capable lui aussi. Si l'enfant n'est pas d'un tempérament dominant, il va se dire que les exigences de son parent sont trop grandes et qu'il ne sera jamais à la hauteur. Il deviendra paresseux et perdra toute sa confiance, puisqu'il ne pourra répondre aux exigences de son parent. Donc, il aura besoin que son parent comble son grand besoin d'être compétent et d'expérimenter.

Type de relation qu'ils entretiennent avec leurs enfants

L'APPROCHE DU PARENT DICTATEUR

Le parent de ce type est autoritaire, dictateur. Il impose ses solutions à l'enfant selon ses valeurs, en fonction de ses propres croyances, pour répondre à ses besoins personnels. Il ne tient pas compte de ceux de l'enfant. Il use de son autorité et de son pouvoir. Il donne des ordres, impose, menace, culpabilise et utilise des récompenses et des punitions pour dominer l'autre.

Ex.: • Tu te couches à 7 heures.
   • Mange tout ce qu'il y a dans ton assiette, sinon...
   • Tes devoirs, c'est à 18 heures que tu les fais.
   • Tu ne sors pas de ta chambre tant que tu n'y as pas fait tout le ménage.
   • Cesse de pleurer et va dans ta chambre.

Par cette méthode, l'enfant doit subir l'autorité des parents sans comprendre leurs valeurs et leurs besoins parce qu'ils imposent sans expliquer à l'enfant les raisons de leurs exigences et, en plus, ils ne respectent pas les besoins de l'enfant. Celui-ci n'est «rien» et «ne comprend rien», mais il doit exécuter. Il en veut à son parent dictateur.

Cet usage de la force et du contrôle marque le début de la rébellion chez un enfant ayant un fort caractère, un dominant, un dirigeant, ou de la soumission chez un enfant plus conciliant, plus doux.

Malheureusement, en imposant et en prenant le contrôle de cette façon, le parent ne peut prouver à son enfant qu'il l'aime véritablement.

L'approche du parent dictateur est une méthode de dressage, et non d'éducation. L'enfant est traité comme un animal; à chaque bonne action aux yeux du dresseur, l'animal obtient une récompense (un bon mot, un compliment, de l'argent, un cadeau, etc.). À chaque mauvaise action aux yeux du dresseur, l'animal reçoit une punition (un mot qui abaisse, des interdictions, des menaces, des ordres, des permissions refusées), mais jamais d'explications. De plus, même s'il arrive au parent de se tromper, celui-ci n'avouera pas à l'enfant son erreur. Le dresseur sait où il veut amener l'animal, et l'animal n'a rien à dire... Ainsi, il engage la lutte, la rébellion ou la soumission. L'enfant ne peut prendre sa vraie place. Il est contrôlé par le parent.

Au contraire, élever un enfant, c'est lui permettre de s'élever au niveau de ses aspirations, de ce qu'il aime choisir, et non de toujours décider pour lui. Là, on l'élève!

Croyez-vous que l'enfant aime vivre avec un parent de type autoritaire? Croyez-vous que le parent se plaît dans son rôle autoritaire? Nous devrions développer une seconde nature: être des guides et des complices de nos enfants.

CE QUE LE PARENT DICTATEUR CRÉE CHEZ L'ENFANT:
la peur de la punition, la peur de se faire enlever une permission, la culpabilité, le peu d'estime de soi, le mensonge, la rébellion ou la soumission, etc.

L'enfant qui vit avec un parent dictateur se doit de trouver une façon de survivre dans ce contexte familial très demandant. Si l'enfant a un caractère fort, il risque de se rebeller, de faire la forte tête et de contre-attaquer par des arguments de toutes sortes. Il peut apprendre à mentir pour éviter une punition ou par peur de se faire enlever une permission.

L'enfant au caractère plus conciliant risque de se soumettre à l'autorité du parent. Il aura une piètre estime de lui-même. Il risque aussi de mentir par peur de la punition, de se sentir coupable et responsable des problèmes de son parent. Il se dira: «C'est sûrement de ma faute.»

Ex.:
- Bruno, quatre ans, a fait un dégât. Il dira que ce n'est pas lui par peur de se faire punir.
- Le père de Catherine, 11 ans, l'oblige à faire le ménage de sa chambre, sinon elle ne pourra en sortir. Celle-ci s'oppose et décide d'y rester. Chacun tient son bout: cris, larmes.
- Guillaume, 14 ans, est forcé d'aider aux tâches familiales, sinon il ne pourra sortir avec ses copains. Celui-ci se soumet par peur de la punition. Il en veut à sa mère qui lui a fait cette menace.

L'ILLUSION DE GAGNER: Tout ce qui crée la dysharmonie et la discorde ne peut provoquer que des sentiments négatifs de l'un envers l'autre. Imposer ses croyances et ses valeurs nous donne l'impression de gagner, mais ce que j'y gagne n'est qu'amertume, déception et éloignement. Même si le parent gagne son point de vue, ou une paix temporaire, il y perd aussi, puisqu'il va rencontrer de la part de l'enfant opposition ou soumission.

Ex.: J'envoie mon enfant se coucher à 19 heures, mais lui veut un 15 minutes supplémentaires. J'impose toujours mon 19 heures. L'enfant résiste, je me fâche. Il pleure. Je sens que j'ai gagné parce qu'il va se coucher, déçu. J'ai dû me fâcher. Je suis frustré et je ne me sens pas bien. J'ai donc perdu, même si j'ai l'illusion de gagner.

Nous devons revoir notre rôle de parent, abandonner ces modèles de dictateur et se «reprogrammer» à notre nouveau rôle de guide pour que cesse cette lutte de pouvoir où chacun des deux partis, parents et enfants, souffre.

Croyez-vous que le parent aime vivre avec un enfant rebelle, qui s'oppose constamment? Croyez-vous que l'enfant aime se rebeller et s'opposer, et qu'il se sent bien lorsqu'il agit ainsi? Il faut beaucoup de courage à un enfant pour contester la décision d'un parent autoritaire et dictateur. Parce que, comme nous l'avons dit, le plus grand désir d'un enfant, c'est d'être aimé de son parent et sa plus grande peur, c'est de ne pas être aimé.

Croyez-vous que le parent aime vivre avec un enfant soumis, qui s'exprime peu et ne défend pas son point de vue? Croyez-vous que l'enfant soumis aime sa condition? qu'il aime se soumettre et se faire diriger par les autres? Cet enfant est «cassé», «brisé» face à son estime personnelle. Quand vous gagnez, qu'est-ce que vous croyez gagner?

3. Le parent de type émotif

SON PROFIL: C'est l'individu qui, souvent, aura eu un parent autoritaire ou émotif. C'est ce qu'il a développé face à son parent autoritaire. Il est devenu émotif parce que c'était son seul mécanisme de défense. Il a donc gardé ce mécanisme de défense comme s'il faisait partie de lui. Il ne l'a jamais désamorcé et c'est ce qu'il utilise avec ses enfants.

Ce parent est très sensible et, souvent, à cause de l'autorité qui a été exercée sur lui, il est rempli de culpabilité. Ayant peur de perdre l'affection de ses enfants ou de ses proches, il est prêt à tout pour se faire pardonner (cadeaux, argent, en faire trop). Il se sent responsable de tout ce qui arrive à ses enfants.

SA FAÇON D'ÊTRE: La manipulation affective est sa meilleure arme. Soit qu'il va tenter de rendre l'autre coupable en lui disant «Le vois-tu comme c'est terrible ce que tu fais ou as fait?», soit qu'il exagère et se plaint de tout ce qui lui arrive: «Je fais ceci et cela pour vous et je n'ai rien en retour.»

C'est un individu très insécure qui va plier devant les demandes de ses enfants, par culpabilité. Il ne sait pas dire non et même lorsqu'il dit non, il change facilement d'avis. Si son enfant a droit à deux heures de télé par jour, le parent émotif cédera si son enfant lui demande de prolonger le temps, sous prétexte qu'il n'a pas d'ami avec qui jouer ce jour-là. L'enfant arrivera ainsi à faire sentir son parent coupable.

Le parent émotif est celui qui en fait trop pour ses enfants et qui, par la suite, leur reproche de ne pas en faire autant que lui en retour. Il a beaucoup de difficulté à prendre des décisions, surtout pour lui-même, puisqu'il s'oublie au détriment de l'autre.

Il ne sait plus ce qu'il aime, ce qui lui fait plaisir, puisqu'il trouve son plaisir dans le «faire plaisir».

CE QUE RECHERCHE LE PARENT ÉMOTIF: Dans toutes ses interventions, ce parent cherche à plaire, à être aimé. Il va rendre service, sera toujours agréable avec les autres. Son sentiment d'être utile lui donne la sensation d'être important, apprécié, aimé et d'être indispensable.

Cependant, les autres finissent par le percevoir comme la personne à tout faire, qui ne dit jamais non, à qui on peut demander n'importe quoi. Finalement, cette personne finit par se sentir comme un objet et par haïr tous ceux qui lui demandent de l'aide, parce qu'elle se sent prisonnière, ne sachant dire non.

SES GRANDES PEURS SONT: de ne pas être aimé et de ne pas être apprécié, de prendre des décisions et de faire de mauvais choix.

Les enfants de parents émotifs vont devenir:
- soit des enfants autoritaires, surtout envers leurs parents, puisqu'ils ne les sentent pas assez solides et aptes à les soutenir ou à les guider, et que ces mêmes parents n'arrivent pas à se tenir debout face à leurs propres décisions;
- soit, un peu comme leurs parents, émotifs et manipulateurs. Ces enfants ne se sentent pas en sécurité avec des parents émotifs, puisqu'ils arrivent à leurs fins par chantage affectif ou manipulation directe.

CE QUE RECHERCHE L'ENFANT DE PARENTS ÉMOTIFS: L'enfant cherche à avoir un peu plus d'autonomie, puisqu'il a un parent qui comble tous ses besoins et, parfois même, avant qu'il les manifeste. C'est un enfant trop couvé; il recherche l'expérimentation et la liberté. Il a le goût du risque, puisqu'il est souvent élevé dans trop de protection, de douceur. Il vaudrait mieux que cet enfant accède à un peu plus d'autonomie, sinon il risque de devenir comme son parent émotif ou de se révolter et de prendre son autonomie au détriment de son parent. Il aurait besoin que son parent comble ses besoins de se sentir compétent et d'expérimenter.

4. Le parent de type peureux
(questionneur)

SON PROFIL: Pour devenir peureux (questionneur), il aura probablement eu un parent de type indifférent à lui ou un parent peureux qui lui aura transmis une partie de ses peurs, ou encore un parent très autoritaire qui aura cassé son enfant.

C'est un parent très insécure qui manque de confiance en lui. Il véhicule des peurs de toutes sortes. Son manque d'assurance fait en sorte qu'il vérifie plusieurs fois les mêmes choses (ex.: si la porte d'entrée est bien verrouillée, etc.).

SA FAÇON D'ÊTRE: Il vit énormément d'incertitudes par rapport à tout, et c'est pour cela qu'il questionne beaucoup, dans le but de se rassurer. Il a besoin de tout savoir, sinon la peur s'empare de lui et il se met à imaginer des scénarios irréalistes, qui sont toujours négatifs (ex.: ma fille va se faire attaquer, mon mari ne m'aime plus, plus personne ne veut de moi, etc.).

C'est un parent qui refuse de voir les choses comme elles sont, même qu'il se cache certaines réalités puisqu'il veut toujours voir la vie en rose. Il est timide, rougit pour un rien et manque d'objectivité parce qu'il se fait des peurs avec tout. Ce qui le rassure, c'est de se faire prendre en charge, de ne pas avoir à prendre de responsabilités puisqu'il craint chaque décision. De plus, puisqu'il ne veut pas entendre la réalité (vérité), il manque souvent d'écoute envers les autres.

Il véhicule une non-acceptation de lui-même. Le pire traitement qu'on puisse lui faire subir est le silence ou l'indifférence.

Enfant, le peureux (questionneur), selon son degré d'atteinte, vit des difficultés avec ses reins (ex.: infections urinaires, énurésie, etc.). Il a peur de s'exprimer, parce qu'il ne veut pas être rejeté. Cela fait en sorte qu'il a souvent des problèmes de gorge. Il devient même parfois aphone. Il peut développer aussi des rhinopharyngites plus souvent qu'à son tour et des difficultés avec ses oreilles, entraînant des problèmes auditifs. Toujours parce qu'il ne veut pas entendre la réalité.

CE QUE RECHERCHE LE PARENT PEUREUX: Le parent peureux recherche la confirmation constante qu'il est aimé, et il le demande sans cesse. Il recherche la confirmation que ses choix sont bons, que ses décisions sont justes. Plus que tout, il craint de faire des erreurs parce qu'il associe le mot «erreur» à celui de «rejet». Il se dit: «Si je me montre tel que je suis (imparfait), on ne m'aimera plus.»

SES GRANDES PEURS SONT: d'être abandonné et d'être rejeté.

Les enfants de parents peureux (questionneurs) vont devenir (selon leur force de caractère):
- soit des enfants indifférents parce qu'ils sont fatigués de se faire questionner à propos de tout et de rien. Parce qu'ils sont fatigués aussi que leur parent se serve de leurs réponses pour les empêcher de faire leurs activités (expérimenter, etc.). Tout ceci parce que le parent véhicule des peurs;
- soit des enfants peureux (questionneurs), si leur parent a imprégné ses peurs chez eux, ou encore si les enfants copient trop le modèle de leur parent.

CE QUE RECHERCHE L'ENFANT DE PARENTS PEUREUX: Il recherche la confiance de son parent dans son expérimentation. Il recherche sa complicité. Par contre, si cette complicité devient trop envahissante, il prendra ses distances dans ses activités avec ce parent qui le limite trop.

Aussi, si son parent prend trop de place à cause de ses peurs, l'enfant peut devenir casse-cou (jeux, sports) ou développer des attitudes et avoir des activités dans lesquelles il prend de grands risques pour effrayer son parent. Au contraire, il peut devenir un enfant qui ne s'aventure jamais, pour protéger son parent peureux. Il aurait besoin que son parent comble son besoin de compassion et de sécurité.

Type de relation qu'ils entretiennent avec leurs enfants

L'APPROCHE DU PARENT SOUMIS

L'enfant impose ses solutions au parent selon ses besoins, ses valeurs, ses perceptions. Il ne tient pas compte de ceux du parent. Il menace, pleure, fait des crises, blâme, ridiculise, etc.

Le parent donne le pouvoir à l'enfant:
- par peur de lui faire vivre ce que lui-même a vécu dans son enfance (non-respect, manipulation, déception, frustration, etc.);
- parce qu'il a été «brisé» lui-même par un excès d'autorité;
- par idéologie. On ne doit pas brimer les enfants;
- pour suivre une mode.
  Le parent permissif est souvent quelqu'un qui a peur de ne pas être aimé. Il craint de décevoir, de ne pas être à la hauteur. L'enfant se sert de cette peur de déplaire pour faire faire à son parent ce qu'il veut. Ou encore, le parent donne consciemment ou inconsciemment tout le pouvoir à son enfant. Celui-ci est maître à la maison. Le parent le traite comme un roi.

Ex.:
- L'enfant se couche quand il en a envie.
- S'il ne veut pas manger de légumes, le parent le laisse faire.
- S'il veut manger des croustilles ou du chocolat tout l'après-midi, l'enfant arrive à son but.

- Il range pour lui.
- Il lui attache ses chaussures.
- Il laisse son adolescent imposer lui-même ses heures de rentrée.
- Il le laisse grever le budget familial pour des objets ou des vêtements de luxe.

Cette attitude crée des enfants difficiles, qui ont tendance à manipuler leurs parents. Habitués de posséder ce pouvoir, leurs relations avec leurs pairs en sont grandement affectées, puisqu'ils ont tendance à vouloir toujours gagner à tout prix. Ils sont souvent rejetés par les autres.

CE QUE LE PARENT SOUMIS CRÉE CHEZ L'ENFANT: Croyez- vous que l'enfant aime vivre avec un parent de type soumis? que le parent se plaît dans son rôle de soumission? que l'enfant se plaît dans son rôle autoritaire?

Cet enfant ne se sent ni appuyé ni sécurisé, et donc *il ne se sent pas aimé*. La responsabilité est trop lourde pour lui. Il se sent seul à mener son bateau. Il a besoin qu'on le soutienne, qu'on le sécurise et qu'on le guide. Il a besoin d'un parent solide, ferme, qui le met sur la bonne voie en lui mettant des balises. Un parent sur qui il peut s'appuyer, être sécurisé. Un parent qui a de bonnes valeurs et qui sait les transmettre sans les imposer.

CONCLUSION: Ces deux approches du «parent dictateur» et du «parent soumis» placent le parent et l'enfant dans une lutte de pouvoir et «ferment les deux cœurs». Elles séparent, ce qui a pour effet de créer un non-respect. D'une part, les besoins du parent ne sont pas entendus, d'autre part, les besoins de l'enfant ne sont pas entendus non plus. Donc, les deux sont déçus, frustrés dans le non-respect de leurs besoins mutuels.

LE PARENT-GUIDE, PARENT-COMPLICE

SON PROFIL: C'est en général un individu qui a eu une enfance agréable. Il a été bien soutenu, bien encadré, et ses besoins fondamentaux de base ont été majoritairement comblés. Ou encore, cet individu, à la suite d'une démarche personnelle, a réglé ses carences majeures.

SA FAÇON D'ÊTRE: Il écoute, est disponible et accepte son enfant tel qu'il est. Il est ferme tout en étant souple. Il s'exprime (parle de lui-même), accompagne et soutient son enfant dans ses apprentissages. Il est bien dans sa peau, heureux et a de bonnes relations avec son entourage.

L'approche «Parent-guide, Parent-complice»

L'approche «Parent-guide, parent-complice» ouvre nos deux cœurs; nous entrons en relation. Elle unit. Au lieu de s'opposer ou de se soumettre, l'enfant peut apporter son point de vue ou exprimer son besoin. Il sera écouté et on en tiendra compte. C'est aussi une façon de communiquer entre individus, où chacun a le droit d'exprimer ses besoins et d'être écouté. Dans une relation aussi démocratique, on tient compte et respecte les besoins de chacun dans une entente commune afin de créer un environnement acceptable pour tous. Quand un conflit surgit, la méthode «Parent-guide, parent-complice» permet de trouver des solutions acceptables pour chacun.

À l'inverse de la méthode dictatoriale, la créativité de l'enfant et son droit à la décision sont reconnus. Le parent et l'enfant trouvent des solutions mutuelles selon leurs besoins, leurs valeurs, leurs perceptions réciproques.

Le parent écoute les solutions de l'enfant dans l'expression de ses besoins et de ses sentiments, et en tient compte. L'enfant écoute les solutions du parent dans l'expression de ses besoins et de ses sentiments, et apprend à en tenir compte.

Chacun propose ses solutions et met l'accent sur ses besoins profonds. Il respecte les besoins de l'autre dans la résolution du conflit. Ensemble, ils trouvent des solutions qui conviennent aux deux.

L'enfant se respecte et respecte le parent. Le parent se respecte et respecte l'enfant.

L'approche «Parent-guide, parent-complice» redonne l'importance égale à tous. En tant qu'êtres humains, nous sommes tous égaux; tant l'enfant que l'adulte, tant le dirigeant d'une entreprise que le balayeur. Dans mes relations, le respect et l'écoute de l'autre vont m'apprendre beaucoup.

Comme parent, j'apprends beaucoup de mes enfants. Si je m'ouvre, si je les écoute et si j'admets qu'ils peuvent m'apprendre des choses, mes enfants peuvent me faire voir les choses sous un autre angle et m'en donner une autre perception. Et moi, je peux leur apporter mon expérience, mes connaissances, ma sagesse.

Si je respecte mon enfant, il va apprendre à me respecter. Si j'écoute mon enfant, il va apprendre à m'écouter.

En aidant l'enfant à trouver les solutions à ses problèmes, on lui apprend à prendre conscience de sa capacité de résoudre ses conflits dans un environnement harmonieux. Il va s'élever. Si je lui impose mes choix et mes solutions, je l'empêcherai d'évoluer. Si je le rends dépendant, il me demandera de résoudre ses conflits pour lui, puisqu'il n'aura jamais pris conscience de sa capacité à les résoudre.

Donc, l'approche «Parent-guide, parent-complice» permet à chacun de développer une très grande responsabilité. Elle redonne l'autonomie à tous et permet d'instaurer des relations harmonieuses. En effet, chacun apprend à être responsable de ses goûts et de ses intérêts, et à respecter l'autre dans ses goûts et ses intérêts.

Dans cette approche, chacun reconnaît les besoins de l'autre et les respecte tout en étant à l'écoute de lui-même.

Pour éviter les conflits, il est essentiel de comprendre et de combler les besoins de chacun si possible. Mais s'il y a conflit, il ne faut pas oublier que c'est le parent qui a le devoir d'orienter les résolutions de conflits en fonction du bien-être de chacun des membres de sa famille (voir Sixième moyen, page 149).

Résoudre des conflits avec mes enfants

Il est primordial, lors d'un conflit, que l'attention des participants soit mise sur la source du conflit, et non sur la personne qui nous fait vivre le conflit. Par contre, notre écoute doit porter sur celui qui souffre (moi ou l'autre), et si c'est moi qui souffre, je me dois de m'exprimer sur ce que cela me fait vivre.

Ex.: **Conflit:** Mon enfant ne veut pas manger de légumes.

Moi: Mon inquiétude: je parle, par rapport aux légumes, et non pas par rapport à celui qui ne veut pas les manger.

Lui: Sa frustration: il parle de sa frustration par rapport aux légumes, et non pas par rapport à celui qui veut les lui faire manger.

La plupart des conflits prennent source par «mal-entendu» entre nous, *c'est-à-dire d'une mauvaise interprétation de part et d'autre*. En effet, l'importance n'a pas été mise au bon endroit et le message n'était pas clair, ne disait pas «les vraies affaires».

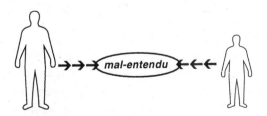

«Mal-entendu»

Il s'agit seulement parfois d'être plus clair en se révélant à l'autre et d'être plus attentif à ce qui nous dérange et nous affecte.

Les conflits ne se résolvent pas tous facilement. Ceci vient de la divergence des attentes, des valeurs et de la position de chacun. Certains individus ont le syndrome de la victime, d'autres du persécuteur, et d'autres encore se plaisent à être des sauveurs. Par contre, nous avons la possibilité d'éliminer les «mal-entendus» (ce qui va mal entre deux individus). Le fait de régler des «mal-entendus» clarifie la situation et rend la relation plus saine.

Les pulsions d'un individu sont poussées par sa vision des choses et l'insatisfaction de ses besoins. Lors de conflits, il est primordial d'être à l'écoute des besoins de l'autre pour connaître ses motivations et de cesser de croire que ses pulsions sont contre nous, mais plutôt en fonction de ses besoins. Surtout qu'il ne perçoit pas notre vision et nos besoins.

- Certains conflits peuvent se régler par l'expression de chacun: écouter et parler de soi («je»).
- D'autres se règlent en lâchant prise face à nos attentes.
- D'autres encore se règlent par l'autorité (ex.: l'enfant ne veut pas s'habiller pour partir).

Si un comportement de mon enfant me dérange et que je lui ai déjà exprimé ce qui me dérangeait (impact intérieur) et où cela me nuisait (impact extérieur), et que mon enfant n'a pas changé ce comportement, voici ce que je dois faire. Au lieu de répéter la même consigne chaque fois que ce problème se pose, je devrais rencontrer mon enfant pour discuter avec lui de ce conflit et pouvoir ainsi le régler en le faisant participer. Ceci s'avère, en général, beaucoup plus efficace pour avoir sa collaboration.

Établir des règles en famille

Les parents devraient définir à leurs enfants ce qu'ils aimeraient établir comme règles. En réunissant tous les membres de la famille, chacun pourra s'exprimer et sera écouté. Ceci favorise une synergie (on travaille tous dans le même sens) et rend l'application de ces règles plus efficace.

Ex.: Le parent aimerait que tous les membres de la famille qui prennent une douche ou un bain nettoient adéquatement (selon leur âge) la salle de bains avant d'en sortir pour ne pas nuire aux autres qui l'utiliseront après. Ensemble, ils ont déterminé précisément ce qui devait être rangé et nettoyé. Ils se sont entendus sur les tâches de chacun. Tous peuvent nettoyer et ranger. La seule exception: le petit de trois ans rangera ses vêtements et ses serviettes seul et nettoiera le reste avec la complicité du parent.

Entente pour les oublis proposée par un des enfants: Si un des membres n'a pas rangé, celui qui suit préviendra respectueusement la personne qui le devançait de tout ranger. Ceci doit être fait sur-le-champ.

On se reverra dans une semaine pour encourager et gratifier ceux qui ont fait du bon travail et revoir ce qui n'a pas été fait ou observé.

Voici d'autres règles qu'on peut établir en famille, en gardant toujours la même attitude: dire mes besoins, écouter leurs besoins.

Ex.: • Rangement de la vaisselle.
      • Endroits où on peut manger dans la maison.
      • Heures des repas.
      • Heures de télévision.
      • Heures pour les jeux vidéo.
      • Heures de coucher.
      • Heures de lever.
      • Jours de lessive.
      • Rangement des jeux, du matériel de bricolage.
      • Attribution des tâches domestiques.
      • Distribution de l'argent de poche.
      • Rangement dans les pièces familiales.
      • Etc.

Établir des règles individuellement

Ex.: • Horaire des travaux scolaires.
      • Autres (selon l'ouverture et le tempérament de l'enfant).

Pour ne plus vivre de situations conflictuelles, j'implique mon enfant

Ex.: Hermine, mère de Jérémie (9 ans), Antoine (6 ans) et Caroline (4 ans), vit régulièrement la même difficulté. Quand vient l'heure de partir pour faire l'épicerie de la semaine, ses enfants contestent; ils préfèrent rester à la maison pour jouer. Elle décide donc de les impliquer pour ne plus vivre cette situation conflictuelle chaque fois.

Elle demande à chacun quel repas il aimerait manger dans la semaine et précise, en l'écrivant sur le calendrier, quelle journée la famille dégustera ce mets, incluant les mets préférés des parents.

Pour susciter leur intérêt à aller à l'épicerie, elle donne à ses enfants la responsabilité d'aller chercher les articles constituant leur propre menu. Ils doivent aussi respecter le budget familial préétabli.

Cette implication lui permet de:
- faire son épicerie dans un climat harmonieux;
- susciter leur intérêt face à une tâche et à l'obligation de participer;
- faire ressentir à chacun l'importance qu'il a;
- amener les enfants à respecter le choix des autres, car leur propre choix est respecté;
- rester ferme par rapport à son besoin que ses enfants l'accompagnent à l'épicerie et que le budget familial soit respecté.

ANNEXE

LA RÉCUPÉRATION: OUI, C'EST POSSIBLE!

Si, par manque de connaissances ou par énervement, je n'ai pas assumé d'une façon respectueuse et efficace mon rôle de parent-guide et complice, je peux me reprendre pour éviter certains manques ou traumatismes chez mon enfant. Voici ces façons de récupérer. Certaines ayant déjà été expliquées dans cet ouvrage, nous allons tout simplement vous indiquer où les retrouver et vous donner de nouvelles pistes pour d'autres récupérations qui n'ont pas été développées à l'intérieur de ce livre.

QUAND J'AI DÉMOLI MON ENFANT UNE FOIS

Si je lui ai adressé des paroles blessantes, l'ai étiqueté, blessé, lui ai crié après, tapé, etc., voir Troisième moyen, «Je ne suis pas coupable, mais je suis responsable», page 90.

QUAND J'AI DÉFINI NÉGATIVEMENT MON ENFANT PLUSIEURS FOIS

Comment refaire l'estime personnelle de mon enfant
Si je l'ai étiqueté plusieurs fois d'une façon négative, voir Premier moyen, «Définir positivement», page 42, pour mieux comprendre et faire la récupération suivante.

Ex.: Je lui ai dit et démontré plusieurs fois qu'il était irresponsable. Je lui ai affirmé et lui me le confirme (prouve) régulièrement.

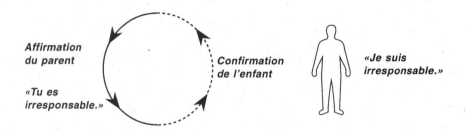

Il s'est fait une image négative de lui.

Pour inverser cette perception négative qu'il a maintenant de lui, à la moindre occasion où il accomplit une action responsable, si minime soit-elle, je lui dis: «Wow! C'est super! Je te trouve vraiment responsable.» À ce moment, je lui fais une affirmation positive, et il me le confirmera en positif.

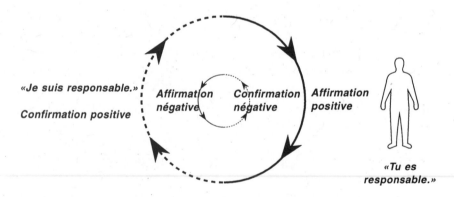

Refaire l'estime de mon enfant dans le sens positif.

Vous pouvez même proposer ou provoquer certaines prises en charge de responsabilités, en privilégiant les petites réussites, pour lui permettre d'intégrer graduellement le sens des responsabilités et de refaire son estime personnelle.

Cette façon de récupérer peut s'appliquer dans tous les domaines dans lesquels mon enfant a été atteint.

Réflexion

Ce n'est pas en dénigrant un défaut qu'on donne une qualité.

Ex.: «Non, ce n'est pas vrai que tu es irresponsable.» Cette affirmation ne lui donne pas le sentiment d'être responsable. C'est en affirmant: «Je te trouve vraiment responsable» face à des situations concrètes qu'il peut comprendre la dimension de la responsabilité et se percevoir comme une personne responsable.

QUAND JE N'AI PAS INITIÉ MON ENFANT AU PLAISIR DE PRENDRE DES RESPONSABILITÉS

Voir Sixième moyen, «Récupération», page 175.

QUAND JE N'AI PAS COMBLÉ CERTAINS BESOINS DE MON ENFANT

Voir Sixième moyen, «Récupération», page 154.

QUAND MON ENFANT EST BLOQUÉ DANS SON ÉVOLUTION RELATIONNELLE

Voir Septième moyen, «Les étapes de l'évolution relationnelle de l'humain», page 179.

BIBLIOGRAPHIE

GEERD HAMER, Rye, D^r. *Fondement d'une médecine nouvelle*, Cologne, Éditions L'asac, 1993.

GORDON, Thomas, D^r. *Parents efficaces*, Montréal, Le Jour Éditeur et Actualisation, 1976.

SOMMAIRE

FORMATIONS
ET CONFÉRENCES

Pour participer aux formations «Parent-guide, parent-complice» et organiser des formations «Enseignant-guide, enseignant-complice» et «Éducatrice, éducateur-guide, Éducatrice, éducateur-complice» et nos cours pour enfants «La famille au GrandCoeur» communiquez avec nous au 450 461-2401 ou www.commeunique.com.

Ces cours ou conférences s'adressent aux parents, enfants, enseignants, éducatrices ou éducateurs et individus dans les écoles, CPE, garderies publiques ou privées, entreprises, organismes, etc.

Vous trouverez dans les pages qui suivent quelques commentaires de parents qui ont suivi nos ateliers.

«J'ai plus de mots pour dire l'amour que j'ai pour mes filles. Déjà, l'atmosphère s'est détendue, les malentendus sont moindres, nous nous exprimons mieux et "je" parle de moi. J'écoute mieux et je n'explose presque plus dans des situations difficiles. Le livre sera un puissant outil de référence pour longtemps encore. Merci d'exister et de partager vos connaissances.»

«J'ai très apprécié le cours et tous les trucs pour m'aider. Je suis plus consciente de l'impact que j'ai sur mes enfants et je suis plus heureuse. Bravo!...»

«Merci. Des outils excellents pour les enfants et les conjoints... Une belle prise de conscience... Un cours dynamique, authentique, amusant, stimulant et non culpabilisant.»

«Ce séminaire a été une source d'énergie nouvelle.»

«Bravo! C'est clair, organisé, structuré. Le respect de l'enfant m'a beaucoup plu. Cela résonnait en moi. Merci, c'est le début d'un tournant et j'ai pris une grande énergie en venant vous écouter.»

«Le plus gros changement, je le ressens en moi. Je découvre un nouveau rapport avec mes deux enfants. Cette prise de conscience est une porte ouverte sur le bonheur.»

«Je suis arrivée au cours totalement découragée. Séparée depuis peu, je me suis retrouvée seule avec mes trois enfants, donc deux emplois en même temps. Je me sentais débordée et démunie. J'ai remis les priorités à la bonne place à la suite du cours. J'ai quitté un emploi, pris deux mois de vacances. J'ai fait un réaménagement de l'espace physique, accordé du temps et de l'écoute, et redonné du soutien à mes enfants. Ils ont redécouvert leur mère. J'ai mis du temps à combler les besoins de mes enfants et les miens. J'ai découvert qu'il est possible de recréer une relation de plus en plus saine avec ses enfants. Le plus important, c'est que j'ai appris à écouter et à échanger. Je l'applique tant au travail que dans toutes les sphères de ma vie. Merci, ma vie est de plus en plus agréable, et mes enfants ont un modèle de parent qui ressemble de plus en plus à ce que j'ai toujours souhaité.»

«Enfin une ligne de conduite pour apprendre à être parent!»

«Enfin une approche dans laquelle je me sens bien, qui me ressemble et où on ne se sent pas jugé. Bravo et un gros merci!»

«Un contenu très varié et complet, c'est vraiment du concret. C'est ce que nous vivons tous les jours.»

«Il y a suffisamment de bagage pour continuer seul. Je me sens beaucoup plus solide.»

«Les trucs des autres participants sont source d'idées.»

«Énergisant, enrichissant.»

«J'ai bien aimé le cours, il m'a beaucoup changé.»

«Je ne cesse d'en parler à ma famille et à mes amis. Merci infiniment!»

«Très valorisant, pas moralisateur, échanges instructifs.»

«Les exercices et les lectures m'ont fait beaucoup réfléchir sur mon rôle de parent.»

«On sent que les formateurs sont passionnés par ce qu'ils enseignent.»

«Excellent cours, agréable à suivre, bonne animation. Les formateurs ont une excellente connaissance de la matière.»

«On voit que nous vivons tous les mêmes choses.»

«La participation des gens pendant l'atelier aide beaucoup à régler les problèmes que nous vivons nous-mêmes.»

«Approche très pratico-pratique, avec des situations très réalistes, contenu très intéressant, animateurs dynamiques.»

«Vous avez éveillé en moi mon vrai rôle de parent.»

«Enfin des outils que l'on peut réellement appliquer!»